일러두기

이 책은 《10대를 위한 선거 수업》의 개정판 도서입니다.

투표가 하고 싶어지는
명랑한 정치 수업

선거로 세상이 바뀔 리가 있어

승지홍 지음

다른

참여가 세상을 바꿉니다

나온 지 꽤 지난 음악이나 영상이 갑자기 인기를 끄는 일이 있습니다. 이걸 '역주행'이라고 하지요. 과연 비결이 뭘까요? 의외로 간단합니다. 바로 '참여'의 힘이에요. 누군가 유튜브 알고리즘의 영상을 보고, SNS로 공유한 한 명 한 명이 모여 큰 흐름을 만들고, 이 모든 행동이 시너지를 내면서 참여의 힘을 만들어 낸 것입니다.

참여의 힘을 우리 사회와 연관 지어 볼까요? 참여의 힘이 가장 강력하게 드러나는 순간은 바로 선거입니다. 선거는 역주행의 힘 이상으로 한 나라의 미래에 큰 변화를 이루어 낼 수 있습니다. 그리고 그 변화는 "만 18세 이상 대한민국 국민"이라면 누구든지 참여해 이끌어 낼 수 있어요.

우리의 정치적 정당성은 주권자이자 유권자인 '시민'으로부터 시작됩니다. 그저 구호뿐인 정치는 우리에게 큰 의미로 느껴지지 않죠. 그래서 나와 우리 공동체를 함께 개선하려는 참여가 중요하답니다. 〈사랑하라, 한 번도 상처받지 않은 것처럼〉이라는 시를 아나요? 정치인들이 공약을 지키지 않는 모습에, 또는 도덕적이지 못한 모습에 우리는 종종 실망을 하고야 맙니다. 하지만 그럼에도 계속해서 관심을 가져야만 하는 것이 정치입니다. 상처받은 기억이 있다고 해서 사랑을 그만두지 않는 것처럼 말이죠.

이 책을 통해 선거와 민주주의의 중요성을 독자가 오롯이 이해하길 바랍니다. 민주주의는 눈에 보이는 것이 아니죠. 앞서 살았던 사람들이 우리에게 남긴 소중한 무형의 유산이기 때문입니다. 민주주의는 국민이 국가의 주인인 제도입니다. 국민 중 대표를 선출해서 나라를 통치하는 대의제로 운영하고 있죠. 그러므로 유권자는 지도자 선출이 얼마나 중요한 일인지 생각해서 최선의 인물을 뽑아야 합니다.

유권자가 가지고 있는 이 '힘'이 얼마나 오랜 시간에 걸쳐 힘들게 얻어 낸 것인지 모릅니다. 지금 누리고 있는 이 당연한 자유와 권리가 결코 쉽게 쟁취한 것이 아니라는 걸 잊지 말아야 해요. 우리 모두가 마음속에 그 가치를 깊이 새길 수 있었으면 좋겠습니다.

（3장）

공정 사회의 뿌리,
선거제도

4장

세상을 바꾸는, 투표

1장

모두를 위한,
정치

정치의 의미
정치란 무엇일까?

우리는 일상생활에서 '정치'라는 단어를 많이 듣습니다. 특히 대통령이나 국회의원 등 나라의 일꾼을 선출하는 선거 때 뉴스로 많이 접하지요. 이때 누구는 정치를 잘했다고 사람들로부터 칭찬을 듣기도 하고 누구는 못했다고 비판을 받기도 합니다. 또한 시민들은 정치가 잘못되었다고 생각하면 시위를 통해 의견을 드러내기도 하지요. 정치가, 그리고 선거가 무엇이기에 우리가 이렇게 관심을 가지는 걸까요?

먼저 정치란 무엇인지 이야기를 시작해 봅시다. 물론 정치를 한마디로 정의하기는 쉽지 않아요. 인간이 왜 정치를 만들었는지 그 배경부터 차근차근 살펴보아야 합니다.

사람이 살아가려면 무엇이 필요할까요? 물과 공기, 맛있는 음식, 안전한 집 등이 필요하겠죠. 그 밖에 또 무엇이 필요할까요?

어떤 사람은 자동차가 없으면 안 된다고 할 테고, 어떤 사람은 스마트폰 없이는 살 수 없다고 할지도 모릅니다.

그런데 말이에요. 만약 나와 같은 '사람'이 없다면 어떨까요? 아무도 없이 나 홀로 이 세상을 살아갈 수 있을까요? 혼자서 살아간다면 어떤 일이 생길까요?

지진이나 홍수가 나면 생명이 위태로워질 수도 있겠죠. 안전한 집을 짓기 힘들 것이고, 스마트폰이나 승용차를 만들 수도 없을 겁니다. 맛있는 음식, 안전한 집, 멋진 옷 등 우리가 지금 누리고 있는 모든 것은 다른 사람들의 도움 없이는 가질 수 없어요.

사람은 태어난 그 순간부터 혼자서는 살아갈 수 없는 존재입니다. 세심하게 보살펴 줄 부모님이 필요하고, 아플 때는 의사의 도움이 필요하죠. 함께 놀 친구나 가르침을 줄 선생님도 필요해요. 이처럼 인간은 다른 사람과 함께 사회를 이루어야만 살아갈 수 있습니다.

또한 인간은 호랑이만큼 강하지 못하고, 표범처럼 빠르지도 않고, 선인장이나 낙타같이 물을 오래 저장하지도 못해요. 식물처럼 광합성 작용을 통해 스스로 에너지를 만들어 내지도 못하죠. 털이 별로 없고 살갗이 약해 더위나 추위에 잘 견디지 못하는 데다가 새처럼 멀리 보지도 못합니다. 그럼에도 인간이 다른 생물들과의 경쟁에서 살아남은 이유는 공동체를 구성해 서로 협력했기 때문입니다. 만약 인간이 공동체 생활을 안 하고 사회관계를 맺지 못했다면 어떻게 되었을까요? 아마 불의 사용법이나 여러 도구를 다음 세대로 전하지 못했을 것이고, 조직적으로 협력해 고래나 코끼리같이 큰 동물들을 잡지도 못했겠죠. 인간은 서로 힘을 모아 곡식과 과일을 재배해 나누어 먹으면서 더욱 지혜로워졌고, 또 강해진 거예요.

인간을 '사회적 동물'이라고 부르는 이유가 여기에 있습니다. 인간의 역사는 이렇듯 서로 관계 맺기를 통해 발전해 왔고, 공동체의 협력 관계가 큰 힘을 발휘해 지금의 인류 문명이 생겨난 것이에요.

인간은 자신이 불완전하기 때문에 공동체를 만들었습니다. 정치, 경제, 사회, 문화는 인간들이 자신의 불완전함을 극복하는 과정에서 만들어졌고요.

불완전한 인간들이 사회를 이루고 살다 보면 필연적으로 여러 가지 문제가 생길 수밖에 없고, 이 갈등을 내버려 두면 마침내 '힘의 논리'가 생겨 힘 있는 사람이 마음대로 하는 상태가 됩니다. 누구도 안전하지 못한 상태가 되는 것이지요. 자기 옆에 있는 사람이 언제든 자기를 죽일 수 있다면, 또 언제든 내 물건을 훔쳐 갈 수 있다면 편하게 잘 수 있겠어요? 그래서 불완전함으로 발생하는 '불안정성'을 이겨 내기 위해 인간은 사회 구성원 모두가 동의할 수 있는, 생존을 위한 최소한의 규칙과 원칙을 정하게 되었죠. 즉 사회에 질서가 만들어진 거예요.

이것이 바로 정치의 탄생 과정입니다. 간단히 말해 정치란 인간의 불완전성을 극복하기 위한 최소한의 원칙이라고 할 수 있어요. 어떤 사회든 반드시 정치가 있습니다.

그리스 철학자 아리스토텔레스는 "인간은 정치적 동물이다"라고 했습니다. 사회 안의 그 누구도 정치로부터 자유로울 수 없다는 뜻이죠. 사람은 누구나 다른 사람과 어울려 살아갈 수밖에 없기 때문입니다. 정치에 관심이 없다고 말하는 사람조차도 실제로는 정치와 밀접한 관계를 맺으며 살아가고 있어요.

그런데 사람들이 모인 곳에는 항상 문제나 다툼이 생기기 마련이에요. 사람은 저마다 얼굴과 성격이 다른 것처럼 생각도 다릅니다. 이렇게 서로 다른 사람들이 자기의 의견만 내세우다 보면, 문제는 해결되지 않고 갈등이 깊어지게 되죠. 이런 갈등을 해결하지 못한다면 사회는 혼란에 빠지고 맙니다.

하나의 예로 친구들과 영화관에 가서 무슨 영화를 볼지 고를 때를 생각해 봅시다. 각자 보고 싶은 장르도 다르고, 또 누구는 이미 본 영화인 경우도 있는 등 의견이 나뉠 수 있어요. 이럴 때 한 편의 영화를 골라 내는 과정이 바로 정치가 되는 것이에요.

정치는 보통 사회적 희소가치에 대한 권위적 배분이라고 정의합니다. 우리가 흔히 갖고 싶어 하는 부·권력·명예 등을 서로 동의할 수 있는 방법이나 힘을 통해 나누어 주는 과정이 바로 정치라는 것이죠. 따라서 정치는 둘 이상의 사람이 모이면 자연스럽게 작용하는 생활 원리이고, 사람들은 누구나 살아가면서 정치를 하게 됩니다. 정치란 사람들의 서로 다른 생각을 모아서, 문제를 잘 해결해 나가는 것이니까요. 그래서 동아리 친구들과 축제에서 출 댄스곡을 정하는 것, 학급회의를 하는 것, 교실 청소를 누가 할지 정하는 것도 모두 정치라고 볼 수 있습니다. 이것을 '넓은 의미'의 정치라고 합니다.

그럼 '좁은 의미'의 정치도 있을까요? 물론이죠. 좁은 의미의 정치는 국가를 다스리는 권력을 가지려고 하는 모든 활동을 말해요. 물론 그 권력을 유지하려고 경쟁하거나 서로 돕는 활동도 포함됩니다. 대통령과 국회의원 등이 정책을 결정하고 추진하는 활동이 여기에 속해요.

정치의 주인

좋은 정치와 나쁜 정치는 어떻게 다를까?

어떤 것이 좋은 정치고 어떤 것이 나쁜 정치일까요? 좋은 정치는 국민이 편하게 살 수 있도록 하는 것입니다. 국민이 정치의 주인으로 참여하고 활동하도록 해주는 것도 좋은 정치겠죠. 나쁜 정치는 그 반대예요. 국민을 살기 어렵게 만들고 국민을 소외시키고 배제하는 정치가 나쁜 정치입니다.

좋은 정치와 나쁜 정치는 우리 일상에서 쉽게 발견할 수 있어요. 학교생활을 하다 보면 못된 마음을 먹고 자기가 가진 힘을 이용해 다른 친구들에게 영향력을 행사하려는 학생을 본 적이 있을 거예요. 다른 학생을 자신의 뜻대로 움직이려고 하는 거죠. 이런 관계가 권력 관계예요. 그런데 영향력이 큰 친구가 다른 친구들을 자기 마음대로 움직이기 시작하면, 반 분위기가 나빠지고 심한 경우 공포 분위기가 만들어지면서 서로 눈치를 보게 됩니다. 당연히 학교생활이 즐거울 리가 없어요. 자기 마음대로 하는 그 학생에 대해 항의하거나 부당한 관계를 바꾸려는 노력을 하지 않는다면 나머지 학생들은 그 친구의 권력에 순순히 따르게 되죠.

이것이 바로 나쁜 정치예요. 이런 현상이 국가 차원에서 나타나면 독재 정치가 되는 거고요. 그런데 만약 어떤 친구가 용기를 내 항의하면 어떨까요? 그 친구는 협박을 받거나 괴롭힘을 당할 수도 있습니다. 하지만 대부분의 학생들은 마음속으로 그 친구를 응원할 거예요. 그래서 단 한 사람이라도 이 친구와 뜻을 같이 한다면 힘센 친구의 영향력은 그만큼 줄어들 것이고, 나머지 학생들도 점차 자기 생각대로 행동하겠죠. 결국에는 힘센 친구의 잘못된 권력이 사라지게 될 겁니다. 이것이 바로 민주화예요. 물론 처음으로 문제를 제기한 친구는 상당한 손해를 볼 수 있을 거예요. 그러나 그 친구는 희생을 감수하고 용기 있게 자기 생각을 표현함으로써 자신은 물론 많은 친구들을 자유롭고 편안하게 만들었어요. 이런 것이 좋은 정치입니다.

정치란, 하는 과정이 복잡하지 그 원칙은 단순해요. 정치의 원칙은 나누기입니다. 먹을거리로 보자면, 누가 더 먹고 누가 덜 먹을 것인가, 누가 좋은 것을 먹고 누가 나쁜 것을 먹을 것인가 결정하는 것이죠. 그 정치적 결정을 왕이 하면 전제 정치이고,

몇몇 영주들이 하면 봉건 정치입니다. 사제나 무당이 하면 신권 정치이고, 귀족과 부자들이 조직한 의회에서 하면 귀족계급 정치예요. 직업, 학력, 재산, 종교, 성별 등의 조건과 무관하게 모든 인간에게 동등한 정치적 권리를 행사할 수 있는 시민이 정치적 결정을 하면 **민주공화정**입니다.

민주공화국의 정치는 시민의 일상입니다. 정치를 왕이나 귀족이 하던 시대와는 다르지요. 따라서 민주공화국의 시민이면 모두 정치를 해야 합니다. 앞에서도 말했듯이 인간은 본질적으로 정치적 동물입니다. 정치에 무관심할 수 없는 존재이지요.

심리학적으로 '무관심'이란 어떤 대상에 대해 강한 욕구를 느끼지만 그 욕구가 채워지지 않을 때 그 대상에 관심을 갖지 않음으로써 정신적 불안정을 극복하려는 심리 상태를 뜻합니다. 정치에 대한 무관심도 마찬가지입니다. 정치가 자신의 욕구를 채워 주지 못하니까 정치를 외면함으로써 정치에서 오는 실망감을 줄이려는 심리 상태인 것입니다. 이럴 때의 정치적 무관심은 무관심이 아니라 실망에서 오는 허탈감이라고 할 수 있죠.

미국의 정치학자 해럴드 라스웰은 정치적 무관심의 유형을 무정치적 무관심, 탈정치적 무관심, 반정치적 무관심으로 나누었습니다. 무정치적 무관심은 정치가 아닌 다른 것에 관심을 가지게 되어 정치에 관심을 갖지 않는 경우이고, 탈정치적 무관심은 처음에는 정치에 관심을 갖고 열성적으로 참여해 보려고 노력했으나 정치인들의 무능함과 부패에 신물이 나 정치에 무관심해진 경우입니다. 반정치적 무관심은 자신의 신념이나 종교적 이유로 정치체제 자체를 부정하고 반대하는 경우를 말합니다. 즉 정치적 무관심이란 정치를 통해 더 이상의 자아실현이 불가능하다고 판단해서 정치를 기피하려는 현상이라고 볼 수 있죠. 이에 따르면 처음부터 정치에 무관심한 경우는 없습니다. 단지 정치에 관심을 가지고 기대를 걸었는데 정치가 자기의 기대를 채우지 못하니까 외면하는 것이죠.

또한 과학기술의 발달로 사람들이 정치에 참여하기가 훨씬 쉬워졌음에도 오히려 정치는 자기와 관련 없는 이야기라고 믿는 사람이 많아지고 있어요. 정치 뉴스를 보면 마치 드라마를 중간부터 보는 것 같아 불편하고 재미없는 경우가 있습니다. 누가 누구를 잘랐고, 누구를 선임했고, 누가 누구를 배신했고 등등의 이야기가 줄줄이 펼쳐지는데 등장인물과 익숙하지 않은 세대로서는 관심을 갖기 어렵지요. 더구나 드론, 인공지능, 로봇 등 첨단 기술의 빠른 발전으로 생겨난 엄청난 일자리 변화, SNS 프라이버시 문제, 불안한 미래에 대한 준비 등으로 바빠 물리적인 시간 부족에 시달리는 젊은이들에게는 현실적인 고민과 먼 이야기만 하는 것처럼 여겨질 수 있어요.

그렇다고 해서 '나는 정치에 관심 없어', '나는 주인 노릇 하기 싫어'라고 정치에 무관심해진다면, 우리 사회와 민주주의는 위협받게 됩니다. 잠깐 마음 놓는 사이에 나쁜 정치가 세력을 얻지요. 이것이 모두가 경각심을 가지고 정치에 관심을 가져야 하는 이유입니다. 앞서 이야기한 것처럼 학교에도 권력관계가 있고, 권력관계가 있는 곳에는 좋은 정치도 나쁜 정치도 있어요. 우리는 가정이나 학교에서 좋은 정치를 위해 노력하고 나쁜 정치를 물리치기 위해 적극적으로 움직여야 해요. 방심하는 순간, 우리 사회와 민주주의는 위협받기 시작하는 거예요. 결국 국민이 정부를 소유하지 못하고, 정부가 국민을 소유하는 현상이 벌어지겠죠.

주인 노릇을 잘하기란 쉽지 않습니다. 주인 노릇을 잘하기 위해서는 어릴 때부터 훈련하며 습관을 잘 들여야 합니다. 가정과 학교에서 주인 노릇을 잘하지 못하는 사람은 사회에서도 주인 노릇을 잘하기 어렵습니다. 평소에는 사회와 정치에 아무런 관심도 없다가 투표할 때만 주인 노릇을 하겠다면 제대로 할 수 있을까요? 아마도 '투표일은 노는 날'로만 여기고 기권하고 말거나 자기 주관 없이 이리저리 휘둘리다 잘못된 선택을 하게 되겠죠.

여러분은 홀로코스트에 대해 알고 있나요? 아돌프 히틀러가

수백만 명의 유태인을 학살할 때 많은 독일인이 침묵했어요. 나중에 세계가 그 책임을 독일인에게 물었을 때 많은 독일인이 자신에게는 책임이 없다고 항변했어요. 그러자 한 독일인이 말했습니다. "우리가 눈앞에서 벌어지는 범죄를 방관했기 때문에 수백만 명의 유태인이 죽은 거요. 그러므로 나나 당신이나 모두 공범이라 할 수 있소."

'나 한 사람인데 어때'라는 생각은 민주주의의 가장 큰 적입니다. 이 점을 마음에 깊이 새겨 둡시다.

민주공화국
국민이 주권을 행사하는 나라

"우리나라는 민주공화국이다"라는 말, 어디선가 들어 본 적 있지요? 공화국은 무슨 뜻일까요? 우리가 흔히 말하는 공화국은 주권을 가진 국민이 대표자를 선출하고 이 대표자가 법과 제도를 통해 국가를 운영하는 정치제도를 말합니다. 공화국의 반대말은 군주국입니다. 군주국은 군주 한 사람이 주권을 가지고 통치하는 나라이고 공화국은 여러 사람이 주권을 가진 국가입니다. 공화국은 국민 전체가 주권을 가진 민주공화, 귀족이 주권을 가지고 운영하는 귀족 공화국, 소수의 사람이나 집단이 주권을 가진 과두제 공화국으로 분류할 수 있습니다. 민주공화국은 모든 국민이 주권을 행사하는 나라입니다. 국민 전체가 주권자로서 활동하는 나라를 민주국가라고 합니다.

왕이 모든 것을 마음대로 했던 시절에도 법과 제도가 없었던 것은 아닙니다. 그러나 왕은 언제든지 법과 제도를 무시하고 자기 마음대로 할 수 있었죠. 법과 제도는 장식일 뿐이었습니다. 프랑스 왕 루이 14세는 이렇게 말했습니다. "짐이 곧 법이다."

유럽에서 정치제도화는 시민혁명으로 이루어졌습니다. 시민혁명 이후에는 왕도 법과 제도를 따르게 되었죠. 물론 그 후에도 왕은 기회만 있으면 다시 옛날로 돌아가려고 했습니다. 그러나 역사를 되돌리려는 무모한 시도는 그때마다 국민들의 투쟁에 의해 좌절됐습니다. 프랑스 혁명 과정에서 왕 루이 16세와 왕비 마리 앙투아네트는 마지막까지 옛날의 왕정으로 되돌아가려고 음모를 꾸미다 결국 단두대의 이슬로 사라졌습니다. 지금 우리가 시행하고 있는 법과 제도에 따른 통치는 이렇게 이삼백 년에 걸친 시민혁명의 험난한 과정을 거쳐 쟁취하고 정착시킨 거예요.

동양에서도 일찍부터 정치제도화를 위한 노력이 있었습니다. 동양의 대표적인 정치철학인 유교, 법가法家 등은 모두 예와 법으로 인간의 자의적 통치를 극복하려 했던 사상들입니다. 조선시대에도 '예와 법에 따른 통치'는 매우 중요한 정치사상이었습니다.

조선을 건국하는 데 결정적인 역할을 한 정도전은 나라가 왕의 것이 아니라 백성의 것이므로 백성의 뜻에 따라 나라를 다스러야 한다고 생각했습니다. 또 왕은 세습되므로 좋은 왕이 나올 수도 있고 나쁜 왕이 나올 수도 있으니 정치는 왕보다 신하를 중심으로 이루어져야 한다고 주장했죠. 신하들은 여러 가지 시험도 거치고 일하는 과정에서 능력과 도덕성을 검증받기 때문에 왕 한 사람에게 맡기는 것보다 훨씬 안전하다는 것이지요. 이렇듯 당시로서는 매우 혁명적인 신권론臣勸論을 주장한 정도전은 결국 왕권 강화를 노리던 이방원의 공격을 받아 암살당하고 맙니다. 그러나 왕의 자의적 통치에 나라를 맡겨서는 안 된다는 정도전의 신권 사상은 후세의 사림과 성리학자들에게 전해졌고 지금의 헌법과 같은 《경국대전經國大典》의 완성으로 이어졌어요.

연산군 같은 예외적인 경우도 있었지만 조선의 왕들은 대체로 《경국대전》의 틀을 지키면서 의정부나 육조六曹 등의 정부 조직을 통해 제도적 통치를 하려고 노력했습니다. 그러나 아무리 현명한 왕이 나타나서 법과 제도에 따라 나라를 다스린다 해도 백성은 여전히 통치의 대상이지 나라의 주인은 아니었습니다. 이런 상태에서는 왕이 마음만 바꾸면 언제든 선한 정치가 포악한 정치로 돌변할 수 있었습니다. 누가 왕이 되든지 흔들리지 않는 법과 제도에 따른 통치 질서가 필요했고, 이러한 새로운 질서는 시민혁명과 근대화를 거치지 않으면 만들어 낼 수 없었던 것이에요.

법과 제도에 따른 통치라는 정치제도화가 본격적으로 이루어진 것은 대한민국 정부가 수립되고 나서부터입니다. 1948년 7월 17일 우리나라의 헌법이 만들어졌고, 이 헌법에 따라 1948년 8월 15일 대한민국 정부가 출범했어요. 이 헌법을 통해 우리나라에도 드디어 법치주의가 시작됩니다. 국민의 자유와 권리 보장을 위해 국가권력을 제한하는 원리들이 헌법에 반영된 것이죠. 우리가 제헌절을 국경일로 기념하는 이유가 바로 여기에 있습니다.

그러나 법과 제도에 의한 통치가 곧바로 튼튼하게 자리 잡지는 못했습니다. 법과 제도보다는 권력자의 자의적 결정으로 다스려진 적이 많았지요. 또 권력자가 자신의 권력 연장을 위해 법을 무시하거나 헌법을 마음대로 뜯어고친 경우도 많았습니다. 이러한 자의적 지배와 폭정을 바로잡기 위해 국민들이 나선 것이 1987년의 6월 민주 항쟁이에요. '모든 권력은 국민으로부터 나온다. 법과 제도에 의하지 아니하고는 어느 누구도 국민을 통치할 수 없다.' 이것이 6월 민주 항쟁의 정신이었습니다. 지금 우리는 6월 민주 항쟁이 만들어 낸 민주주의 사회에서 살고 있는 거예요.

프랑스 시민혁명, 영국 명예혁명, 미국의 독립전쟁을 3대 시민혁명이라고 부릅니다. 18세기의 3대 시민혁명은 인간의 기본 권은 하늘로부터 부여받은 신성불가침한 권리라는 천부인권론天 賦人權論을 확립하는 주요한 사건들이에요. 천부인권론은 인권의 절대성을 강조하는 정치사상입니다. 인간의 존엄성을 지키기 위 해 꼭 필요한 권리, 즉 기본권은 어떤 경우에도 포기해서는 안 되고 그 누구도 이를 침범하면 안 된다는 것이에요. 아무리 거 대한 국가권력도 한 개인의 인권과 기본권보다 더 소중하거나 강력하지 않다는 것이죠.

또 인간은 사회적 약속인 법 외에는 어떠한 지배도 받지 않는 다는 법치주의와 권력은 입법, 사법, 행정 간의 분립과 상호 견제 감시를 통해 운용되어야 한다는 삼권분립 제도를 정착시켰습니 다. 이로써 인류는 역사상 가장 발전된 정치제도인 민주주의 시 대를 맞이하게 되었어요. 링컨이 말한 "국민의of the people, 국민 에 의한by the people, 국민을 위한for the people" 정치가 드디어 실 현된 것이죠.

정치권력과 정당성
권력이 폭력이 될 때

이번에는 정치권력에 대해 알아보고 갑시다. 정치권력은 국가가 갖는 겁니다. 예를 들어 앞의 '정치'가 빠진 권력은 개인이나 어떤 특정한 집단도 가질 수 있는 거예요. 정치권력은 국가기관을 맡아 국가권력을 행사하는 구체적인 힘입니다. 국가의 입법권을 행사하는 국회의 권한, 국가의 행정권을 행사하는 대통령(의원내각제에서는 국무총리 또는 수상)의 권한, 국가의 사법권을 행사하는 법원의 권한이 바로 정치권력입니다.

사전에서는 정치권력을 "사회의 여러 기능 가운데, 특히 정치적 기능을 수행하기 위한 권력"이라고 정의합니다. 독일의 사회과학자 막스 베버는 "권력이란 자기 의사를 관철시킬 수 있는 모든 가능성"이라고 했습니다. 정치권력이란 정치적 목적을 이루는 데 사용되는 힘이라고 할 수 있겠네요.

그런데 '정권 획득'이라는 말도 들어 봤지요? 정치권력은 국가가 존재하는 한 계속 유지되는 것이지만, 정권은 A정권에서 B정권, C정권으로 계속 바뀔 수 있어요.

정치권력을 획득하고 싶은 개인이나 집단은 엄청 많습니다. 누구나 정치권력을 장악하고 싶어 해요. 이런 상황에서 어떤 사람이 정치권력을 얻게 될까요?

정치권력을 획득하는 방법으로는 선대의 정치권력을 상속받는 세습적 방법, 힘으로 상대방을 정복해서 획득하는 폭력적 방법 그리고 합법적 선거를 통해 얻는 합법적 방법이 있습니다.

세습적 방법은 역사 속 많은 나라에서 널리 쓰였어요. 왕권이 세습되기는 했지만 누가 왕권을 계승할 것이냐를 둘러싸고 치열한 권력투쟁이 있었습니다. 우리나라도 마찬가지였는데, 특히 조선 시대에 이런 현상이 심했지요. 조선 시대에 있었던 왕자의 난, 인조반정, 갑자사화 등은 정치권력을 누가 장악할 것이냐를 둘러싼 치열한 권력투쟁이었습니다.

폭력적인 방법의 본보기는 군사 쿠데타인데, 군사 쿠데타는 현대에만 있었던 게 아니라 과거에도 많았습니다. 이성계의 조선 건국도 폭력적 방법으로 권력을 장악한 것이었죠. 박정희, 전두환의 정권 획득 역시 마찬가지입니다.

그런데 정치권력의 획득을 위해서만 폭력이 동원되는 것이 아니라 정치권력의 유지와 행사를 위해서도 폭력이 동원되는 경우가 대단히 많았어요. 이런 나라가 바로 독재국가입니다.

그렇다고 폭력적 방법으로 얻은 권력이 무조건 정당하지 못하다고 보아서는 안 됩니다. 정당한 경우가 얼마든지 있을 수 있기 때문이에요. 독재 권력을 타도하기 위한 폭력혁명의 경우, 비록 폭력적 방법에 따른 권력 획득이지만 정당하다고 보아야 합니다.

근대에 접어들면서 많은 나라가 합법적인 방법, 즉 선거를 통해 정치권력을 획득하고 있습니다. 이 경우에도 겉으로는 합법적인 선거로 권력을 얻는 것 같지만 실질적으로는 정부가 선거에 개입해 여당에 유리하도록 만드는 관권 선거, 금전적인 가치가 있는 물품을 주고 표를 약속받는 금권 선거 등의 부정선거로 권력을 획득하는 경우가 많았습니다.

그런데 정치권력을 획득하는 방법도 중요하지만 정치권력 행사의 정당성 여부도 매우 중요합니다. 여기서 '정당성'이라는 말이 좀 추상적이죠? 정당성은 국민의 자발적인 합의와 동의로부터 나오는 것입니다. 어떤 특정한 정치권력이 행사될 때 국민들이 납득할 수 있어야 한다는 이야기죠. 즉 정치권력이 개인을 위해 행사되는 것이 아니라 모든 국민을 위한 것이라면 받아들일 수 있다는 것이 정당성을 측정하는 근거입니다.

정치권력의 정당성은 국민의 자발적인 합의와 동의에서 출발한다고 했는데, 여기서 말하는 합의와 동의는 합법성과 도덕성을 갖추었을 때 더 큰 의미가 생깁니다. 합법성은 형식적으로 법이라는 틀에 맞게끔 행사되어야 한다는 뜻입니다. 그리고 실질적으로 정치권력이 정당하려면 도덕성을 갖추어야 합니다. 이는 권력 행사의 의도가 국민의 자유와 평등을 지켜내고 인간의 존엄과 가치를 실현하는 등 사회의 기본 가치 테두리 내에서 행해져야 한다는 것입니다.

정치권력이 정당하지 못하면 정치의 효과가 제대로 나타나지 않습니다. 정당하지 못한 권력은 폭력이 될 뿐인데, 폭력으로 국가를 운영해서는 그 나라가 제대로 운영될 수 없으니 말입니다. 정치권력이 정당하려면 그 획득 과정과 유지·행사가 국민의 동의에 기초한 것이어야 합니다. 국민의 기대에도 부응해야 하고요. 지금은 세습적이거나 폭력적인 방법으로 정치권력을 획득·유지·행사하는 경우가 많이 없어졌지만 그렇다고 모든 정치권력이 정당성을 갖고 있는 것도 아닙니다. 정치권력이 정당성을 갖지 못하면 오래 유지하기도 어렵고, 그 정치권력의 지배를 받는 국민들도 절대 행복할 수 없어요.

그렇다면 현대 민주국가에서 정치권력의 정당성은 어떻게 확보할 수 있을까요? 첫 번째로 정치권력이 만들어지는 과정에서 국민의 동의와 지지를 얻어야 합니다. 이것은 정치권력의 획득이 합법적이고 민주적인 선거를 거쳐 이루어져야 한다는 뜻입니다. 그런데 선거라는 절차를 거친다고 해서 무조건 정치권력의 정당성이 확보되는 것은 아니에요. 선거의 형식만 빌릴 뿐 실질적으로는 국민을 강제로 억눌러서 정치권력을 빼앗으면 정당성을 얻을 수 없습니다. 돈으로 유권자를 매수하거나 선거법을 위반하는 불법선거 역시 마찬가지예요.

두 번째로 정치권력의 행사가 법에 기초한 것이어야 합니다. 모든 권력이 법에 근거해서 행사되어야 한다는 법치주의에 기초해야 한다는 것이죠. 즉 입법부인 국회나 행정부인 대통령, 사법부인 법원이 행하는 모든 행위는 국민의 대표 기관인 국회가 만든 법률에 맞게 이루어져야 한다는 것입니다. 민주주의의 핵심인 법치주의는 불완전한 인간이 불완전한 판단과 자의적인 결정으로 통치하지 않는다는 뜻이기도 합니다. 자의적 통치의 위험은 너무나 큽니다. 어제는 좌측통행하라고 했다가 오늘은 좌측통행하는 사람을 다 처벌하면 누가 국가를 믿을까요? 그 순간 국가는 통치의 기반과 국민의 신뢰를 잃을 겁니다. 정치권력에 대한 신뢰는 바로 법에 따른 정치, 즉 공명정대한 법치주의로부터 생겨납니다. 법에 의한 지배는 예측을 가능하게 합니다. 무엇을 하면 안 되고 무엇을 하면 괜찮은지를 미리 알려주기 때문이죠. 이렇게 예측 가능해야 내일을 설계할 수 있습니다. 미래를 설계할 수 있어야 발전이 있을 수 있습니다. 반대로 자의적 지배가 성행하는 곳에서는 내일을 설계할 수 없으므로 발전이 있을 수 없습니다.

권력분립의 이유
나눌수록 보장되는 자유와 권리

오늘날 우리나라를 비롯한 대부분의 민주주의 국가는 국가의 주인인 국민이 직접 나라를 다스리지 않고, 국민이 뽑은 대표자들이 나라를 다스립니다. 그런데 국민이 직접 나라를 다스리지 않는 것은 왕이 있던 시대와 똑같네요. 만약 왕이 다스리는 것과 대통령을 비롯한 대표자들이 나라를 다스리는 것이 같다면, 민주주의 국가라고 할 수 없지 않을까요?

그 차이는 법에 따른 통치입니다. 왕은 자기 마음대로 나라를 다스릴 수 있었지만, 민주주의 국가에서는 국가에서 하는 모든 일을 법에 정한 대로 해야 합니다. 아무리 대통령, 국회의원이라고 해도 자기 마음대로 할 수 없어요. 국민의 뜻에 따라 법을 만드는 것이니, 법으로 나라를 다스리는 것은 국민의 뜻에 따라 나라를 다스리는 것과 마찬가지니까요. 결국 나라의 주인은 대통령이 아니라 국민입니다. 또 그렇기 때문에 대통령이라고 해도 국민의 대표자인 국회에서 판단했을 때, 큰 문제가 있다면 탄핵을 해서 내쫓을 수 있는 거고요.

어떤 사람이 국가의 모든 권력을 독차지한다면 자기 마음대로 국민과 국가를 좌지우지할 수 있습니다. 국민은 자유와 권리를 빼앗기고 큰 고통을 받게 되겠지요. 그런 잘못된 일을 막기 위해 민주주의 국가는 권력분립을 합니다. 즉 국가의 권력을 여럿으로 나누는 것이지요.

법에 따라 나라를 다스려야 하기 때문에 권력도 법과의 관계를 중심으로 나눕니다. 법을 만드는 힘을 가진 입법부(국회), 법에 정해진 대로 실제로 국가에 필요한 모든 일을 하는 행정부(대통령을 비롯한 정부), 법을 지키는지 어기는지를 판단하는 사법부(법원)로 나누지요. 모두 다 강력한 힘과 권한을 갖는 기관입니다. 그러다 보니 이 중 어느 한 부분이 지나친 힘을 가지게 되면 독재가 될 위험성이 커집니다. 사실 왕의 힘이란 이 입법권, 행정권, 사법권을 독점하는 데서 나오는 것이에요. 이런 상황을 원천적으로 예방하기 위해 권력을 분립시키자는 주장이 나오게 되었습니다. 이것이 바로 삼권분립론입니다. 그러니까 삼권분립의 핵심은 권력을 독점하지 못하게 하는 것이에요. 그리고 이 세

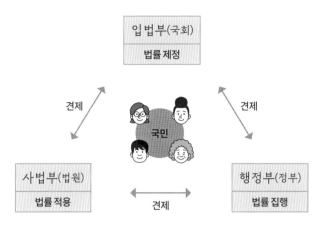

개의 기관은, 다른 기관들이 너무 큰 권력을 차지하지 못하도록 서로 막아서 균형을 이룹니다. 그럼 어떤 방법으로 균형을 이루는 걸까요?

입법부, 즉 국회는 법을 만드는 권력이 있습니다. 하지만 국회에서 결정한 모든 법률안이 실제로 법이 되는 것은 아닙니다. 국회에서 자기들에게만 유리한 법을 만들 수도 있고, 지식이 부족해서 국민에게 피해를 주는 법을 만들 수도 있으니까요. 그래서 국회의 법률안은 대통령이 '법으로 만들어도 좋다'고 승인을 해야 그 효력이 생깁니다. 이런 방법으로 행정부의 대표인 대통령은 입법부가 마음대로 권력을 휘두르지 못하도록 견제하는 것이죠.

또 입법부가 만들고 대통령이 승인한 법이라도, 사법부에서 그 법률이 헌법에 어긋나는지 감시합니다. 헌법은 국가에서 가장 중요한 법이니까요. 그래서 사법부인 헌법재판소는 헌법에 어긋나는 법률은 없앨 수 있습니다. 이 방법으로 사법부는 입법부가 제대로 법을 만들도록 견제하고 있습니다.

사법부에서 가장 중요한 자리는 대법관과 헌법재판관입니다. 대법관과 헌법재판관이 되려면 국회의 동의를 얻어야 합니다. 이런 방법으로 국회는 사법부를 견제합니다. 자격이 부족한 사람이 대법관과 헌법재판관이 되지 않도록 막는 것입니다.

사법부에서 재판을 할 때, 자신이 싫어하는 쪽에 불리한 판결을 내릴 수도 있고, 사람이기에 실수를 할 수도 있습니다. 그래서 대통령(행정부)은 사법부에서 유죄판결을 받은 사람의 벌을 면제해 줄 수 있습니다. 이것을 '사면'이라고 해요. 이 방법으로 행정부는 사법부를 견제합니다.

우리가 일반적으로 정부라고 부르는 것이 행정부를 가리킬 만큼, 행정부는 많은 일을 합니다. 행정부는 국민이 낸 세금을 이용해 수많은 공무원이 나라 살림을 하는 곳이죠. 국민이 편안하고 안전하게 살 수 있도록 복지와 치안을 담당하고, 나라를 지키는 국방 등의 일을 합니다. 우리와 가깝게 있는 경찰, 주민 센터의 공무원에서 장관, 대통령까지 모두 행정부에 속한 사람이에요.

행정부가 하는 일이 많을수록 권한도 많아지고 그만큼 권력도 커집니다. 그래서 민주주의 국가에서는 행정부를 견제하는 것을 중요하게 생각합니다.

국회는 행정부가 나라 살림을 잘했는지 검사합니다. 그리고 행정부의 관리인 대통령과 장관 등이 법을 어기면, 그 사람을 자리에서 내쫓자고 결정할 수 있습니다.

사법부 역시 행정부를 견제하고 있습니다. 행정부에서 일을 하다 보면 국회에서 만든 법으로는 부족합니다. 그래서 행정부는 명령과 규칙을 만들지요. 물론 국민의 대표인 국회에서 만든 법률보다는 힘이 약하지만, 규칙과 명령 역시 지켜야 하는 힘을 가지고 있습니다. 사법부는 입법부에서 법률을 만들 때처럼 행정부가 만든 명령, 규칙도 헌법에 어긋나는지 심사하고 헌법에 위배되면 그것을 없앱니다.

국회가 대통령을 탄핵해도 그것을 최종적으로 결정하는 것은 헌법재판소, 즉 사법부입니다. 이렇듯 국가에서 가장 중요한 일들은 입법부, 행정부, 사법부 중 어느 한 곳에서 마음대로 결정하고 행동할 수 없습니다.

이렇게 국가의 권력을 나누어 서로를 견제하는 근본적인 이유는 무엇일까요? 어느 한쪽이 더 많은 권력을 차지하거나 아예 독차지한다면 그들이 국민의 권리와 자유를 빼앗아도 아무도 막을 수가 없겠죠. 즉 권력을 여러 개로 나누는 것은, 국민의 자유와 권리를 빼앗고 자기 마음대로 이용하려는 독재자를 막기 위해서입니다. 결국 권력 분립은 국민의 자유와 권리를 지키기 위해서입니다.

대통령제와 의원내각제
왜 정부 형태는 나라마다 다를까?

민주주의의 이념과 민주정치의 원리는 현실 정치에서 다양한 방법으로 나타납니다. 그리고 구체적인 방법은 각 사회가 처한 환경과 역사적 배경에 따라 다르게 나타나죠.

오늘날 민주정치에서 국민은 선거로 대표를 뽑고, 이 대표들이 국민을 대신해 국정을 담당합니다. 근대 이후 정당 제도가 발달하면서 대표를 뽑는 선거는 정당을 중심으로 치러지고 있어요. 대부분의 민주국가에서는 의회가 중심이 되어 국민의 의사를 한데 모으고 정책을 결정합니다. 의회를 구성하는 의원은 국민의 선거로 선출하고요. 이렇게 국민의 대표로 구성된 의회는 국정 운영의 기준이 되는 법률을 제정하거나 개정하는 입법 기능을 담당합니다.

의회가 제정한 법률을 집행하는 국가 기관을 행정부라고 합니다. 행정부는 법률을 바탕으로 정책을 추진하며 그 과정에서 세부적인 사항을 결정해요. 행정부를 통솔하는 행정 수반은 국가에 따라 국민의 직접선거로 선출되기도 하고, 의회에서 결정되기도 합니다. 민주국가에서는 법을 제정하는 권력과 법을 집행하는 권력을 서로 다른 두 기관이 담당합니다. 두 기관의 관계는 국가에 따라 다르게 나타나는데, 이에 따라 정부 형태를 대통령제와 의원내각제로 구분합니다. 우리나라와 미국 등의 국가는 대통령제를 채택하고 있고, 일본이나 독일 등이 의원내각제를 채택하고 있습니다.

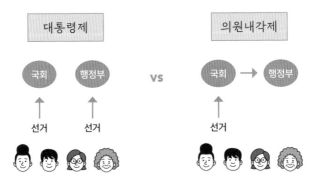

대통령제는 현재 우리나라에서 채택하고 있는 정치제도이기 때문에 우리에게는 아주 익숙한 제도죠. 국민들이 행정권을 통솔하는 대통령과 입법권을 가진 국회의원을 선거를 거쳐 각각 선

출하고, 두 권력이 상호 견제와 균형, 협조를 이루어 국정을 운영하는 시스템이라고 할 수 있는데요. 반면에 의원내각제는 우리에게 다소 생소한 정치제도입니다.

의원내각제는 이름 그대로 국회의원들이 내각, 즉 행정부를 구성하는 형태를 뜻합니다. 행정부의 수장인 총리와 내각을 구성하는 각 부의 장관을 국민의 투표가 아닌 의회에서 선출하는 제도이지요. 보통 의회 제1당의 대표가 국가를 대표하는 총리직을 수행하며, 의원들이 장관직을 겸합니다.

의원내각제와 대통령제를 구별하는 가장 큰 차이는 선거를 몇 번 하는지입니다. 의원내각제는 선거를 한 번, 대통령제는 선거를 두 번 치릅니다. 먼저 의원내각제는 국민이 선거를 해서 의회를 구성합니다. 그러면 의회에서 기본적으로 행정부를 구성하고, 그 행정부가 의회에 대해서 책임지는 정치를 하지요. 행정부는 의회에서 나온 것이므로 행정부와 의회의 권력이 융합되어 나타납니다.

선거를 해서 의회를 구성하는 경우도 두 가지로 나누어 볼 수 있습니다. 하나는 선거에서 다수당(의회에서 의석을 가장 많이 차지한 정당)이 과반수 의석을 넘긴 경우이고, 또 다른 하나는 그렇지 못한 경우입니다.

먼저 선거를 통해 다수당이 과반수를 넘긴 경우는 과반수를 넘긴 정당이 행정부를 구성하면 됩니다. 이 경우 어떤 문제가 발생할 수 있을까요? 다수당이 의회와 행정부를 동시에 장악함으로써 횡포를 부릴 여지가 있지요. 그러면 다수당이 과반수를 넘기지 못한 경우는 어떻게 할까요? 예를 들어 선거 결과가 다음과 같이 나왔다고 가정해 봅시다. 여섯 개 정당의 성향과 의석수를 살펴보세요.

정당	성향	의석수(총 100석)
공산당	극좌파	7
녹색당	좌파	8
사회민주당	온건좌파	40
민주당	온건우파	35
공화당	우파	5
국가사회당	극우파	5

참 재미있는 결과죠. 어느 정당도 과반수를 넘기지 못했어요. 다수당은 사회민주당입니다. 그런데 사회민주당 역시 전체 의석의 과반수를 넘지 못했으니 혼자서는 행정부를 구성할 수 없어요. 이처럼 어느 한 정당도 과반을 차지하지 못한 경우, 여러 정당이 함께 손을 잡는 이른바 연립 정권 형태로 행정부를 구성하게 됩니다. 이 경우에는 좌파 연합으로 집권을 해야겠죠. 여

기서 조심해야 할 것은 연립 정권이 수립되기 위한 조건입니다. 그 조건은 의원내각제이면서 다당제가 되어야 한다는 것입니다. 또한 좌파 연합은 사회민주당이 공산당과 녹색당을 포섭해야 가능해요. 같이 정부를 구성하자고 하면 세상에는 공짜가 없으니 녹색당과 공산당도 정부에 참여하는 대가를 요구할 겁니다. 녹색당은 환경을 중시하니까 환경부 장관을 달라고 할 것이고 공산당은 노동자들의 권익을 중시하니까 노동부 장관을 달라고 하겠지요. 그리고 당연히 총리는 사회민주당에서 나오게 되고요. 이것이 바로 연립 정권입니다. 이 연립 정권의 모습을 볼까요? 이제 환경부 장관은 녹색당 출신 국회의원이 맡겠죠. 이 환경부 장관은 국회의원 출신이니까 당연히 각료가 의원을 겸직할 수 있는 것이 됩니다. 그러면 자연스럽게 이 장관은 국회의원이니까 법률안을 제출할 수 있고(정부의 법률안 제출권), 의회에 출석해서 발언할 수 있을 것입니다(각료의 의회 출석권). 또한 녹색당은 이 장관을 의회로 출석시켜 궁금한 것을 물어볼 수 있죠(각료의 출석 요구권). 그렇다면 수상은 환경 정책을 마음대로 할 수 있을까요? 아니죠. 환경 정책을 실시하려면 반드시 환경부 장관의 눈치를 봐야 합니다. 환경부 장관이 '나 안 할 거야!' 하고 그만두면 어떡할까요? 그러니까 수상은 뭐 하나 제대로 하려면 환경부 장관, 노동부 장관하고 다 모여서 회의를 해야 합니다.

그런데 큰일이 생겼어요. 사회민주당에서 갑자기 핵발전소를 만들겠다고 합니다. 국익을 위해서는 어쩔 수 없는 조치라고 하면서요. 그러면 누가 화가 버럭 날까요? 바로 녹색당이죠. 녹색당은 '도저히 저 사회민주당하고 같이 못 살겠다'고 하면서 좌파 연합을 탈퇴할 수 있을 거예요. 여기서 두 가지 경우가 발생할 수 있습니다. 하나는 녹색당이 탈퇴하고 가만히 있는 경우입니다. 이런 경우 좌파든 우파든 어느 쪽도 과반수를 넘기지 못하고 있으므로 행정부를 구성할 수 없습니다. 그럼 이럴 때는 어떻게 해야 할까요? 이 경우에는 선거를 다시 해서 과반수 넘는 정당을 만들거나 연립 정권을 새롭게 꾸며야 합니다. 즉 행정부의 수반이 의회를 해산하고(의회해산권) 새로 선거를 수행해야 하는 것이죠.

반면에 이럴 수도 있습니다. 민주당이 녹색당을 포섭하는 것이죠. 우리는 절대 핵발전소를 안 만들 테니 우리랑 손잡자고. 녹색당도 싫을 것이 없어 손잡게 되면 좌파 연합은 47석, 우파 연합은 53석으로 우파가 더 의석수가 많아지죠. 이런 경우 우파 연합은 현재 집권하고 있는 사회민주당 소속의 수상에게 '너 나가'라고 할 수 있습니다. 이게 바로 내각불신임권입니다.

이처럼 의원내각제는 여러 정당이 연립 정권으로 정부를 꾸릴 경우 의견 대립으로 현안에 대한 대처에 문제가 생길 수 있습니다. 이제 의원내각제를 마무리해 보죠. 먼저 행정부 수반의 임기는 보장이 될까요? 내각불신임권에서 보듯이 임기가 있더라도 그 임기는 보장되지 않습니다. 그러니까 정책의 연속성은 보장될 수 없어요. 하지만 행정부의 수반은 의회에 대해 바로 책임지는 책임 정치가 실현될 수 있습니다.

이번에는 대통령제입니다. 대통령제는 선거를 두 번 한다고 했죠? 한 번은 국민이 선거를 통하여 의회를 구성합니다. 그러면 의회에는 다수당이 나오겠죠. 또 한 번 선거를 치러서 행정부의 수반을 선출합니다. 일반적으로 이 행정부의 수반은 국가원수를 같이 한다는 점에서 의원내각제와 다릅니다. 일반적으로 의원내각제 국가인 영국과 일본의 경우 행정부의 수반은 총리이지만 국가원수는 국왕입니다. 이렇게 뽑힌 대통령은 통치를 위해 행정부의 장(장관)을 뽑아서 행정부를 관할합니다. 그러니까 이 장관들은 의회의 간섭을 받을 필요가 없는 거죠. 오로지 대통령에 대해서만 책임지면 됩니다. 행정부의 수반을 뽑아 준 것은 의회가 아니라 국민이니까요. 대통령은 오로지 국민에 대해서만 책임지고, 대통령의 임기도 보장됩니다. 그러니까 정책의 연속성이 보장되는 대신에 독재의 우려도 있다고 볼 수 있죠. 그런데 이런 경우도 있을 수가 있어요. 의회 선거(총선)에서는 A당이 승리했지만 대통령 선거에서는 B당이 승리할 수 있죠. 그러면 여당과 다수당이 달라지고, 의회와 행정부의 갈등이 심화될 수 있습니다. 또 대통령제는 의원내각제처럼 의회해산권과 내각불신임권을 인정하지는 않지만 의회에게는 공무원의 위법행위에 대해 처벌하거나 파면할 수 있는 탄핵소추권을, 대통령에게는 법률안 거부권을 인정함으로써 견제와 균형이라는 대통령제의 목표를 이루고자 합니다. 그래서 대통령제는 기본적으로 권력분립의 성격을 가진다고 표현하죠.

오늘날 많은 국가가 대통령제와 의원내각제를 채택하고 있습니다. 그러나 전형적인 대통령제와 의원내각제를 운영하는 나라는 드물며, 각 국가는 역사적 전통과 정치적 상황에 맞게 변형된 정부 형태를 취하고 있습니다. 대표적인 국가가 바로 프랑스인데요. 프랑스의 국가원수는 대통령이지만, 실질적인 권력은 대통령과 총리가 나누어 가지고 있습니다. 이러한 정치 형태를 이원집정부제라고 하는데, 대통령제에 가까운 형태도 있고 의원내각제에 가까운 형태도 있습니다. 프랑스는 준대통령제 또는 의회주의적 대통령제라고 불리는 이원집정부제로, 대통령이 소속된 정당이 의회의 다수당일 때는 순수한 대통령제 국가의 대통령보다 강력한 권한을 행사할 수 있습니다. 국민이 선출하는 대통령에게 총리 임명권, 국회 해산권, 비상사태 대처권을 부여하면서 의회에는 대통령에 대한 불신임권을 주지 않아 의원내각제에 비해 대통령의 권한이 막강합니다. 그러나 의회는 총리 불신임 권한을 가지고 있으며 불신임이 가결될 경우 사임하도록 하고 있어 그 나름대로 견제와 균형을 추구하고 있죠.

그러나 대통령이 소속된 정당이 소수당이 되었을 때에는 다수당 출신의 총리를 임명해야 하는데, 이를 좌우 동거 정부라고 합니다. 이 말은 좌파와 우파가 대통령과 총리를 나누어 맡아 국정을 함께 수행하는 정부를 가리킵니다. 좌우 동거 정부가 들어서면, 대통령의 권한은 국방과 외교에 한정되고 총리가 경제 등 나머지 모든 권한을 가지게 됩니다. 이 경우 대통령과 총리가 대립해 정치가 불안정해질 수도 있습니다.

우리나라의 상황에 대통령제가 적합한지 의원내각제가 적합한지에 대해서는 많은 의견이 있습니다. 하지만 언제나 완벽한 제도는 없는 법이죠? 실제로 예전 우리나라에서도 짧게나마 의원내각제를 실시한 적이 있고, 현재의 우리나라 대통령제에도 장관이 의원직을 겸직할 수 있다거나 정부가 법률안을 발의할 수 있는 등 의원내각제적인 성격이 일부 포함되어 있습니다.

우리나라는 1948년 정부 출범 때부터 미국식 제도인 대통령제를 채택해 오다가 4·19 혁명 후 일시적으로 의원내각제를 한 적이 있습니다. 그러나 곧이어 5·16 쿠데타로 군부가 정권을 잡고 독재 정치를 실시하면서 대통령 중심제를 다시 채택했습니다. 이때 군부가 주도한 대통령제는 대통령과 군부가 입법부, 사법부까지 사실상 장악한 권력 구조였기 때문에 삼권분립을 완전히 무시한 대통령 중심의 독재 정권이었습니다. 이 시기에 대통령과 군부는 입법부를 장악하기 위해 국회의원의 3분의 1을 대통령이 임명했는데, 이렇게 국회의원이 된 사람들이 '유신정우회'를 만들어 운영하기도 했습니다. 정부의 정치적 앞잡이 노릇을 하는 국회의원 단체였지요. 정치 사건의 경우 형식상 판사가 재판을 하지만 정보기관이 뒤에서 판사에게 쪽지를 보내 죄의 유무와 형량을 결정하는 '쪽지 재판'이 행해지기도 했습니다.

지구상에는 대통령제나 의원내각제 이외에도 수많은 정부 형태가 존재합니다. 의원내각제나 대통령제 모두 민주국가에서의 정부 형태일 뿐이므로 무엇이 더 민주적인지 판단할 수는 없습니다. 정부 형태는 그 국가의 역사·문화적 배경에 따라 달라질 수 있는 하나의 '선택'이라고 보면 됩니다. 따라서 국가적 선택이 달라지면 헌법 개정을 통해 정부 형태를 바꿀 수 있습니다. 어떤 정부 형태든 그것을 운영하는 것은 사람입니다. 사람에 따라 그 결과는 달라지지요.

'공화국'이란 무슨 말일까?

"대한민국은 민주공화국이다"라는 말, 들어 본 적 있지요? 우리나라 헌법 제1장 1조에 이렇게 명시되어 있답니다. 여기서 공화국은 무슨 뜻일까요? 라틴어로 공화국을 뜻하는 Republic은 '나라(국가)'를 뜻하는 res와 '모두의(공공의)'를 뜻하는 publica의 합성어입니다. 즉 공화국은 '모두의 나라', '공공의 국가'라는 의미죠. 대한민국도 영어로 Republic of Korea라고 적어요.

한자어로도 살펴볼까요? 공화共和라는 어원은 고대 중국 주나라에서 볼 수 있습니다. 여왕의 폭정으로 반란이 일어나자, 도피한 왕을 대신해 제후들이 통치를 했는데요. 이 시기를 공화 시대라고 불렀습니다.

서양에서 가장 유명한 공화국은 로마입니다. 기원전 509년, 로마 귀족들은 왕을 추방하고 공화국을 세웠습니다. 이들은 왕이 갖고 있던 권한을 콘솔(집정관) 두 명에게 넘겨주었습니다. 콘솔은 켄투리아(로마 군단의 부대 단위) 회의라는 민회에서 투표로 뽑았고, 임기는 1년이었습니다. 콘솔이 두 명이었던 것은 상호 견제를 통해 권력 남용을 막기 위해서였습니다.

이처럼 주나라와 로마의 역사를 통해 공화국의 뜻을 유추할 수 있는데요. 여러 통치자가 일정한 임기 동안 합의를 통해 나라를 통치하고 물러나는 것임을 알 수 있습니다. 공화란 공공의 것이기에 한 사람이 소유할 수 없다는 것이지요. 그래서 오늘날 공화국이라 하는 여러 나라가 민주주의를 이야기하며 주권이 국민에게 있다고 하는 것은 당연하게 느껴집니다.

우리가 흔히 말하는 공화국은 주권을 가진 국민이 뽑은 대표가 법과 제도를 통해 국가를 운영하는 정치 체제를 말합니다. 공화국의 반대말은 '군주국'입니다. 군주국은 군주 한 사람이 주권을 갖고 통치하는 나라이고, 공화국은 여러 사람이 주권을 가진 나라입니다. 군주국은 왕이 존재하지만 공화국은 왕이 없습니다. 가장 높은 자리에 있는 사람은 왕이 아니라 국민 모두입니다.

그렇다면 공화국은 민주공화국 딱 한 가지만 있을까요? 정치학에서는 주권을 누가 갖고 있느냐에 따라서 국민 모두가 주권을 가진 '민주공화국', 귀족이 주권을 가지고 운영하는 '귀족공화국', 소수의 사람이나 집단이 주권을 가진 '과두제공화국'으로 나눕니다.

그러니까 조선민주주의인민공화국(북한), 중화인민공화국(중국)처럼 민주주의 국가가 아니면서도 공화국이라는 이름을 쓰는 나라들이 있는 거예요. 북한, 중국도 투표를 통해 대표를 선출하지만, 그 대표가 권력을 세습하거나 오랫동안 쥐고 있으니 사실은 독재 국가와 크게 다르지 않습니다.

2장

민주주의의
축제, 선거

민주주의의 의미
민주주의란 무엇일까?

민주주의라는 말은 그리스어 'demokratia'에 그 기원을 두고 있습니다. 이 말은 '국민demo'과 '지배kratos'라는 두 단어가 합쳐진 것이에요. 권력이 소수 귀족에게 독점되어 있는 군주제에 대응해 권력이 국민에게 귀속되는 정치 체제를 말합니다. 민주주의는 역사적으로 영국의 명예혁명, 프랑스의 시민혁명, 미국의 독립 전쟁을 거치면서 인류 보편의 가치와 제도로 정착되었습니다.

그러나 나라마다 사회 경제적 체제가 달라서 민주주의의 구체적인 형태 또한 다양하게 나타났습니다. 우리나라에서 채택한 자유 민주주의는 개인의 자유를 최대한 보장하고 시장 경쟁의 원리를 강조하는 민주주의입니다. 한편 2차 세계대전 후 유럽 여러 나라에서는 자본주의 사회에서 나타나는 불평등을 바로잡기 위해 선거 등 평화적인 방식을 통해 생산 수단을 사회적으로 소유하고 관리하려는 흐름이 나타났는데, 이를 사회 민주주의라고 부릅니다.

어느 제도를 택하든 운영을 잘하는 것이 중요합니다. 그렇다면 운영을 잘한다는 것은 어떤 것일까요? 국민이 국가의 주인으로서 법치주의와 삼권분립의 원칙을 잘 지키면서 스스로 잘 통치하는 것이 운영을 잘하는 것이겠죠. 우리는 이렇게 정치를 운영하는 것을 '민주주의'라고 부릅니다. 민주주의는 국민이 주인으로서 국민을 위해 스스로 통치하는 운영 방식을 말합니다. 그런데 여기에는 두 가지 큰 어려움이 있습니다.

첫째는 인간이 불완전한 존재라는 사실입니다. 신이 아닌 인간이 스스로 통치하는 것이기 때문에 자신들의 선택이 절대 선인지 아닌지 아무도 확신할 수 없습니다. 둘째는 사람마다 생각과 느낌이 다 다르다는 것입니다. 즉 생각이 다 다르고 어떤 것이 절대적으로 옳은지 확신할 수 없는 사람들이 모여서 중요한 선택을 하고 결정을 내려야 한다는 것이죠. 그러니 민주주의적 운영으로 올바른 길을 찾아가는 것은 너무나 어려운 일입니다. 이러다 보니 민주주의는 잘 훈련된 사람이 아니면 감당하기 어렵지요.

다른 사람에 대한 이해와 배려가 부족하고 성질이 급한 사람, 남의 말을 듣기보다 자기 이야기하기를 더 좋아하는 사람, 자기의 단점은 못 보고 남의 단점만 보는 사람은 민주주의를 하기가 정말 어렵습니다. 하지만 아무리 많은 비용이 들더라도 우리는 민주주의를 포기하면 안 됩니다. 민주주의를 통해서만 국민이 사회의 주인이 될 수 있기 때문입니다.

그렇다면 민주주의는 구체적으로 어떻게 작동할까요? 그 비밀은 다수결의 원칙에 있습니다. 만약 30명의 사람 중에서 한 명이 완전하고 나머지 29명이 불완전하다면 어떻게 될까요? 그렇다면 결정은 쉽습니다. 완전한 한 명의 주장이 곧 진리일 테니까요. 진리는 머릿수하고는 관계가 없습니다. 바로 이것이 플라톤이 말하는 '철인哲人 정치'입니다. 인간이 오류를 저지르지 않는 철인이 될 수 있다는 생각은 옛날부터 참으로 많은 사람들이 빠졌던 오류입니다. 그러나 역사상 그 누구도 철인이 될 수 없었죠. 이것은 인간이 신이 될 수 없는 것과 같은 너무도 명백한 사실입니다. 누구도 완전할 수 없다면 철인 정치는 불가능합니다. 완전한 사람이 없다면 한 사람보다는 두 사람의 의견이, 두 사람보다는 네 사람의 의견이 더 나을 가능성이 높습니다. 결국 최대 다수가 동의한 것이 틀릴 가능성이 제일 적다고 생각할 수밖에 없습니다. 이것이 바로 다수결의 원칙입니다.

이번에는 인간의 다양성에 대해 생각해 봅시다. 세상일은 옳고 그른 것으로 판단될 문제도 있지만 그렇지 않은 것도 많습니다. 사람을 죽이는 경우는 옳고 그름이 분명합니다. 어떤 경우에도 살인은 나쁜 것이니까요. 그런데 체육대회에 입을 단체옷을 검은색으로 할까 아니면 파란색으로 할까 하는 것은 옳고 그름의 문제가 아닙니다. 취향의 문제라고 할 수 있죠. 만약 검은색이 옳고, 파란색이 틀리다면 30명 중에 29명이 파란색을 선택해도 나머지 한 사람이 선택한 검은색 옷을 입어야 할 것입니다. 그러나 그저 개성과 취향의 문제라면 한 명이라도 많은 사람이 선택한 옷을 입는 게 올바른 선택이 됩니다.

이처럼 다수결의 원리는 인간의 불완전함과 다양성을 인정하고 최선을 찾아가는 방법이며 동시에 최대 다수의 합의를 만들어 가는 정치 원리입니다. 최선이 안 되면 덜 나쁜 것을 찾아가는 사회 운영 원리이기도 합니다.

앞서 살인은 어떤 경우에도 나쁘다고 했지만, 전쟁 상황이라면 어떨까요? 아무리 전쟁 중이라도 살인은 잘못이라고 주장하는 사람들도 있습니다. 그러나 대다수의 사람들은 살인은 나쁘지만 나라와 가족을 지키기 위해 필요하다면 살인을 할 수도 있다고 생각합니다. 전쟁이나 정당방위 상황 같은 경우가 이런 경우입니다. 이처럼 명백해 보이는 문제도 따지고 보면 생각해야 할 것들이 많습니다. 이럴 때 우리는 다수의 합리적인 선택에 의지하게 되는 것이지요.

미국이나 유럽에서 실시하고 있는 배심원제는 이런 고민 끝에 마지못해 만들어진 제도라고 할 수 있습니다. 예를 들어 볼까요? 어떤 사람이 살인을 했다는 이유로 기소되었습니다. 그러나 이 사실을 100퍼센트 확실하게 알고 있는 사람은 세상에 두 사람밖에 없습니다. 아니 사실은 살인을 했다고 기소된 본인 한 사람이지요. 다른 사람은 이미 죽었으니까요. 100퍼센트 진실을 알고 있는 사람은 본인뿐이니 결국 나머지는 증거로 판단할 수밖에 없습니다. 그런데 증거 또한 100퍼센트 확실한 것은 아닙니다. 현대 과학을 모두 동원해 증거를 수집하더라도 그 사람이 살인을 했다고 100퍼센트 확신할 수는 없어요. 그렇기 때문에 최종적인 판단은 다수의 상식과 합리적인 판단에 의지하는 것입니다. 인간의 불완전성을 감안할 때 가장 합리적인 해결책은 한 사람보다는 여러 사람의 판단에 의지하는 것이 좋다는 생각이 바로 배심원제의 핵심이지요.

무엇이 옳고 그른지 판단할 때는 많은 경우 고도의 전문적 지식이 필요합니다. 그래서 전문성이 없는 다수의 상식에 맡길 경우 잘못된 판단이 나올 위험성이 있다는 의견도 있지요. 사실 이렇게 따지면 현대 사회는 거의 모든 영역에서 전문성이 요구됩니다. 그만큼 사회가 분화되어 있으니까요. 결국 인간의 보편적 이성과 합리성이냐, 전문성이냐 하는 문제가 생기지요. 민주주의는 전문성보다는 인간 이성의 합리성을 우선적 가치로 보는 정치 원리입니다. 우리는 종종 전문성 부족으로 잘못된 판단을 할 수도 있습니다. 하지만 인간이 이성적이고 합리적이라면 그 잘못을 고칠 능력도 있다는 믿음도 있지요. 전문가는 자신이 가진 전문성으로 권위나 힘을 얻으려 할 것이 아니라 이성적이고 합리적인 다수의 올바른 판단을 도와야 할 의무와 책임이 있습니다. 이것이 전문가의 직업윤리이고 도덕성이지요.

국가나 시민 단체가 어떤 문제를 제기했을 때 정부는 '전문성도 없는 사람들이 그걸 문제 삼느냐'고 할 것이 아니라 자기들이 갖고 있는 전문성을 최대한 발휘해서 국민이 제기한 문제를 잘 해명하고 설득해야 합니다. 그 일을 하라고 국민의 세금으로 정부가 운영되는 것 아닐까요? 전문성을 특권마냥 여겨서는 안 됩니다.

투표의 영향
순간의 선택이 평생을 좌우한다

"순간의 선택이 평생을 좌우한다"라는 슬로건을 들어 본 적 있나요? 아마도 많은 사람이 이 슬로건을 알 것입니다. 이 슬로건은 사실 어느 가전제품 업체의 광고 카피로 유명한 문구입니다. 가전제품의 경우, 보통 한 번 구매하면 오래 사용하기 때문에 신중히 선택해야 한다는 뜻입니다.

이 광고 카피는 특유의 강한 인상 덕분에 많은 사람들이 격언이나 명언처럼 쓰기도 하고, 다양한 선택과 인생에서 내려야 하는 중요한 결정들에도 적용해 사용하기도 합니다. 몇 해 전에는 〈응답하라 1994〉라는 드라마에서 제8화의 제목으로 이 카피가 쓰였습니다.

"순간의 선택이 평생을 좌우합니다"라는 카피를 몇 번 반복해서 읽어 보니 새삼 우리들의 삶에는 선택해야 할 문제가 참 많다는 생각이 듭니다. 고민하고 또 고민해서 신중하게 결정해야 하는 문제가 있는 반면, 신중함도 필요하지만 신속함이 더욱 필요한 문제도 있습니다. 그리고 선택의 영향이 짧은 기간 동안 작은 효과로 나타나는 결정도 있고, 한번 결정하면 도저히 돌이키기 힘들 만큼 큰 파급효과를 가져오는 결정도 있습니다.

'자장면을 먹을까, 짬뽕을 먹을까' 하는 순간의 선택은 얼마나 긴 미래에 영향을 미칠까요? 음식을 먹고 소화가 되어 다음 날만 되어도 그 선택은 더 이상 영향을 미치지 못합니다. 물론 여러 가지 외부 요소가 작용한다면 더 큰 영향을 긴 기간 동안 받을 수도 있지만, 보통은 그 정도에서 그친다고 볼 수 있습니다.

그렇다면 사랑하는 사람에게 '고백을 할까, 하지 말까' 하는 순간의 선택은 얼마나 긴 미래에 영향을 미칠까요? 결정은 아마도 매우 다양한 방향의 미래를 만들고, 작지 않은 파급효과를 일으킬 것이며, 적어도 자장면과 짬뽕 중에서 무엇을 먹을지를 선택하는 것보다는 훨씬 긴 기간 동안 삶에 영향을 줄 것입니다.

도대체 왜 우리는 앞의 예보다 뒤의 예에 큰 영향을 받는 것일까요? 드라마 〈응답하라 1994〉에서 방영된 내용을 가만히 살펴보면서 다시 생각해 보았습니다. 경상도 남자인 '삼천포'와 전라도 여자 '윤진'은 같은 하숙집에서 생활하는 앙숙 사이였습니다. 삼천포가 오래도록 꿈꾸어 왔던 스무 살의 자전거 여행이라는 자신의 로망을 실현하려는 어느 날 아침까지도 티격태격했지요.

그날은 마침 윤진의 어머니가 여수에서 오시는 날이었는데, 어머니는 생각보다 일찍 서울에 도착하시게 됩니다. 윤진은 그것도 모르고 목욕탕에 가 있는 사이 어머니는 몇 시간을 터미널에서 기다리고, 삼천포가 이 사실을 알게 됩니다. 고집도 세고 한다면 하는 삼천포가 자신의 로망을 포기하고 몸이 불편하신 윤진의 어머니를 마중하러 가는 것을 택함으로써 두 사람은 훗날 결혼에까지 이르게 됩니다.

정말 순간의 선택으로 평생을 함께할 배우자를 결정하게 된 것인데요. 이 선택이 왜 중요했는가에 대해서 곰곰이 생각해 보면 '사람이 사람에게 마음을 쓰는 행동'이었기 때문이라고 할 수 있을 거예요. 사람이 사람에게 마음을 쓴다는 것은 대단히 큰 의미가 담겨 있는 것이지요. 다만 사람이 사람을 '선택'한다고 하는 것은 조금은 지나친 문장일 수 있어서, 그 문장을 이렇게 바꾸어 보겠습니다.

'이 사람은 다른 사람보다 더욱 믿어 왔고, 믿고 있고, 믿고 싶고, 믿겠다.'

이런 마음으로 결정할 수 있는 일들은 대단히 많습니다. 단짝 친구를 만드는 것부터, 마음을 다해 서로를 지지하고 아껴 주는 선후배를 만드는 것, 회사에서의 인사 관리도 이에 포함될 것입니다. 그리고 누군가와 연인이 되는 것, 결혼해 배우자가 되는 것도 신뢰를 바탕으로 결정됩니다.

그런데 이런 선택으로 할 수 있는 정말 중대한 선택과 결정의 순간의 대표적인 예가 또 하나 있습니다. 바로 선거입니다. 대표자가 되기 위하여 후보로 나선 사람들을 지켜보며 그들이 보여주는 다양한 모습과, 그들이 지금까지 살아온 삶을 토대로 우리는 그 사람에게 나의 마음을 줄지, 아니면 다른 사람에게 마음을 줄지를 결정합니다. 우리는 어느 한 사람에게 마음을 주기로 결심하고 그를 지지하기로 정하고 투표소에 들어갑니다. 투표용지에 그 사람의 이름 옆 칸에 투표를 하는 그 짧은 순간이 우리에게 앞으로 얼마나 큰 크기로, 얼마나 긴 기간에 걸쳐 영향을 미칠지 생각하고 투표를 하고 있는 것일까요? 따져 보고, 고민하고, 나의 결정에 대해서 다시 한 번 생각해 보아야 하지 않을까요?

대의 민주주의와 선거
대표를 뽑자

민주주의는 어떻게 보면 조금 귀찮은 제도입니다. 민주주의는 시민을 그냥 놔두지 않습니다. 시민은 시에서 사는 사람을 가리키는 말이 아닙니다. 공화국의 주권과 참정권을 가진 사람이 시민이죠. 과거 왕정 시절에는 왕에게 주권과 참정권이 있었는데, 이제는 모든 국민이 주권과 참정권을 나누어 가진 시민이 되었죠.

바로 그렇게 국민을 시민으로 만든 국가의 통치 형태가 민주공화국이고, 우리나라 헌법 제1조 1항에 "대한민국은 민주공화국이다"라고 규정되어 있듯이 우리나라는 민주주의를 국가 정책으로 삼는 자유민주공화국입니다. 또한 헌법 제24조에는 "모든 국민은 법률이 정하는 바에 의하여 선거권을 가진다"라고 명시되어 있습니다. 이것은 우리나라가 국민에게 주권과 참정권의 행사를 요구한다는 뜻입니다. 주인으로서 우리나라를 항상 걱정해야 하고, 참정권을 통해 국가 운영에 참여해야 합니다. 하지만 그 수많은 사람이 국가를 통치하기는 힘들기에 일꾼들을 선거로 뽑아 대신해서 일을 수행하게끔 하는 것이죠. 즉 대의 민주주의란, 국민의 대표를 뽑아서 그들이 나랏일을 꾸려 나가도록 하는 제도랍니다. 대통령이나 국회의원 등이 바로 국민의 대표로 뽑힌 사람들이에요. 대의 민주주의는 이처럼 국민이 국회의원 등을 뽑는 선거를 통해 간접적으로 정치에 참여하는 것입니다. 하지만 대의 민주주의는 선거 이외의 수단으로 국민이 정치에 참여하기 어렵고, 대표자가 국민의 뜻을 왜곡할 수 있다는 단점이 있어요.

이러한 단점을 해결하려고 나라마다 다양한 방법을 마련하고 있습니다. 대표적인 게 지역 주민이 지방 정부와 의회를 구성해 지역의 일을 스스로 결정하는 지방자치제도이지요. 중요한 정책을 결정할 때는 국민투표, 국민이 직접 법안을 만들어 제안하는 국민발안, 선거로 뽑힌 대표자를 투표로 물러나게 하는 국민소환 같은 제도를 채택하고 있는 나라들도 있어요.

국가를 직접 운영할 정도까지 고민하지 않는다 해도, 우리를 대신해 국가를 운영할 사람을 뽑는 데에는 치열하게 고민하고 선거 과정에 참여해야 합니다. 하루아침에 천국이 만들어질 수는 없잖아요? 선거는 평생 참여하는 것이고, 좋은 세상은 아주 조금씩 만들어 가는 것입니다. 바로 그것이 시민에게 주어진 의무이자 권리입니다.

우리나라를 비롯한 민주주의 국가에서는 선거를 통해 대표자를 뽑고 있습니다. 때문에 선거는 '민주주의의 꽃'이라 불릴 만큼 매우 중요합니다. 나라의 일에 국민이 직접 참여하는 대표적인 방법인 데다, 어떤 대표자를 뽑느냐에 따라 국민의 행복이 결정될 수 있기 때문이죠. 선거에서 어떤 사람을 대표자로 뽑느냐에 따라 수많은 사람이 웃고 나라 전체의 운영이 달라지며 역사가 달라집니다.

이솝우화에 나오는 '왕을 원한 개구리들' 이야기를 사례로 들어 보겠습니다. 개구리들은 자유롭게 살았지만, 줄무늬뱀의 위협 때문에 불안하게 살아야 했습니다. 그래서 자신들을 지켜 줄 대표자를 원했죠. 그리고 나무토막 왕을 뽑았습니다. 나무토막 왕은 개구리들을 지켜 주고 쉴 곳을 마련해 주었어요. 그런데 개구리들은 아무런 명령도 하지 않고 멋도 없는 나무토막 왕 대신 멋지고 힘센 왕을 새로 뽑았습니다. 하지만 개구리들은 행복하지 않았죠. 행복은커녕 오히려 황새의 먹이가 되고 말았으니까요. 이처럼 대표를 뽑을 때는 현명한 선택을 해야 합니다. 황새 왕처럼, 자신을 대표로 뽑아 준 사람들을 괴롭히는 대표도 있거든요. 시민을 대신해서 정치를 하라고 했더니 시민을 속이고 자기 배만 채우는 대표도 있고, 시민의 자유와 권리를 빼앗고 자기에게 복종하도록 억누르는 대표도 있습니다. 게다가 일단 대표가 결정 난 다음에는 그 대표가 잘못을 해도 바꾸기가 힘듭니다.

'민주주의의 꽃은 선거'라는 말은 민주주의란 선거를 통해야 그 가능성을 활짝 피울 수 있다는 의미입니다. 그만큼 선거는 민주주의 실현에 있어서 가장 중요한 위치를 차지하고 있어요.

대부분의 사람들은 자신이 나라의 주인이라는 생각을 하면서 살아가고 있지는 않을 거예요. 하지만 선거를 할 때만은 주인이라고 충분히 생각할 수 있습니다. 내 손으로 직접 나의 목소리를 대변할 사람을 선출한다는 것은 굉장히 좋은 느낌으로 다가옵니다. 투표를 함으로써 비로소 민주주의의 혜택을 누리고 있다고 생각하게 된다는 뜻입니다. 투표를 하지 않는다는 건 단지 관심 밖의 일이라서 참여하지 않음을 떠나 자신의 권리를 저버리는 것이고, 나라에서 어떤 일을 하든지 그에 관한 목소리를 낼 수 없다는 뜻이기도 합니다.

선거의 4대 원칙
투표권은 언제부터 생겼을까?

고대 그리스 시대에는 인구의 약 10퍼센트에 불과한 성인 남성 시민들만 투표권을 가지고 있었습니다. 나머지 90퍼센트에 해당하는 여성, 노예, 외국인 등은 투표권이 없었지요. 중세에는 아예 투표 자체가 없었으니 더 말할 것도 없습니다. 시민혁명 이후인 근대에는 어땠을까요? 이때 투표권은 일정한 액수 이상의 세금을 내는 사람에게만 주어졌습니다. 가난해서 세금을 못 내는 노동자와 여성 대부분은 투표권이 없었어요. 재산과 성에 따른 차등 불평등 투표제였던 것이죠. 이렇게 되자 사람들은 '나에게도 투표권을 달라'고 불만을 폭발시켰어요. 이것이 참정권 운동, 즉 차티스트 운동입니다. 이 운동으로 세금을 못 내는 사람들도 투표권을 행사할 수 있도록 투표권의 범위가 점차 넓어졌습니다. 하지만 마지막까지도 여성들에게는 투표권을 주지 않으려 했지요. 차티스트 운동이 발생한 영국에서조차 1918년에는 20세 이상 남성, 30세 이상 여성에게만 투표권이 주어졌다가 10년 뒤인 1928년에 가서야 비로소 20세 이상 남녀가 동등하게 투표권을 가질 수 있었습니다. 흑인의 경우는 더 심해서, 흑인 차별 정책을 공공연하게 폈던 남아프리카 공화국은 넬슨 만델라 대통령이 집권해 흑인 차별 정책을 없애고 민주화를 실시한 1994년이 되어서야 비로소 흑인들도 투표권을 갖게 되었습니다.

정치에 참여할 수 있는 권리, 참정권을 얻기 위한 오랜 투쟁의 결과로 현대 사회는 선거와 관련해 네 가지 원칙을 확립하게 되었습니다. 이 네 가지 원칙은 보통·평등·직접·비밀선거입니다. 우리나라도 이 원칙을 헌법으로 정해 놓고 있지요. 이러한 원칙이 지켜져야 공정한 선거가 된다고 보기 때문입니다. 이 중 하나라도 지켜지지 않으면 진정한 민주주의 국가라고 할 수 없습니다.

보통선거의 원칙부터 하나씩 살펴봅시다. 우리나라는 만 18세가 되면 누구에게나 선거권이 주어져요. 이 선거권은 모든 사람에게 평등합니다. 남녀, 종교, 재산, 피부색에 따른 차별이 없다는 뜻이지요. 그래서 누구나 만 18세가 되면 선거에 참여해 자신의 한 표를 행사할 수 있는 권리가 법으로 보장되어 있습니다.

이것이 바로 **보통선거**예요. 너무나 당연한 말 아니냐고요? 그렇지 않아요. 민주주의가 먼저 시작된 유럽에서도 처음에는 모든 사람에게 선거권을 주지 않았어요. 선거를 할 수 있는 사람은 재산이 많은 백인 남자뿐이었지요.

보통선거의 원칙이 세계적으로 뿌리를 내린 때는 2차 세계대전이 끝난 뒤였어요. 특히 여성에게 선거권이 주어진 것은 미국 1920년, 영국 1928년, 일본 1945년, 프랑스 1944년입니다. 지금으로부터 채 100년이 되지 않았습니다.

민주주의가 발달한 영국에서도 여성이 선거권을 얻는 일은 매우 힘들었어요. 1913년에 이르러 에밀리 데이비슨이라는 여성이 경마 대회 도중 "여성에게 선거권을!"이라고 외친 후 달리는 말에 뛰어든 사건을 계기로, 영국에서 여성의 선거권이 점차 확대되었습니다.

우리나라는 1948년 5·10 총선 때부터 보통선거를 실시했습니다. 우리나라 최초의 선거였는데, 첫 선거부터 모든 성인이 선거권을 갖는 것은 매우 특별한 일이었어요. 그때부터 지금까지 우리나라에서 실시하는 모든 선거는 보통선거의 원칙을 지키고 있습니다.

옛날에는 선거를 할 때 여러모로 사람들을 차별했습니다. 재산이 많거나 사회적 지위가 높은 사람에게는 두 표 이상의 투표권을 주는 '복수 투표제'를 실시하기도 했어요. 재산이나 신분에 따라 선거인을 몇 등급으로 나눈 다음, 같은 수의 의원을 뽑는 '등급별 선거제'도 있었습니다.

등급별 선거제를 얼핏 보면 차별이 없어 보여요. 하지만 그렇지 않습니다. 적은 수의 상류층과 많은 수의 일반 국민이 서로 같은 수의 의원을 뽑게 되므로, 결국 상류층에게 몇 배의 선거권을 주는 것과 마찬가지죠. 예를 들어 100명의 상류층과 1만 명의 일반 국민이 똑같이 다섯 명의 의원을 뽑는다면, 상류층에게 100배의 선거권을 주는 셈이에요.

그러나 오늘날에는 누구에게나 공평하게 한 표씩 선거권을 줍니다. 이것을 평등선거라고 해요. 진정한 평등선거를 이루려면 대표를 뽑는 지역 단위인 선거구도 신중하게 정해야 합니다. 선거구에 따라 선거 결과가 달라질 수 있기 때문이에요.

평등선거는 언뜻 보통선거와 비슷한 것 같지만 달라요. 보통선거는 선거권을 주는 자격을 제한하지 않는 원칙이고, 평등선거는 어떤 사람의 선거권이든 선거 결과에 기여하는 힘이 똑같아야 한다는 원칙이지요. 예를 들어 어떤 학급에서 반장 선거를 할 때, 그 학급의 학생이라면 누구나 선거에 참여할 수 있는 것이 보통선거예요. 공부를 잘하든 못하든 누구나 한 표씩 투표하는 것은 평등선거고요. 한마디로 평등선거는 모든 국민이 똑같은 가치의 선거권을 갖는 걸 말해요. 만약 학교에서 선거를 하는데, 전에 학급 임원을 했던 친구들은 2표씩 투표하고 나머지 친구들은 1표만 투표할 수 있다면, 평등선거의 원칙에 어긋납니다. 불공평하니까요. 마찬가지로 어느 선거구의 유권자는 10만 명이고, 다른 선거구의 유권자는 5만 명인데 똑같이 대표 1명을 선출하도록 선거구를 나누면 안 됩니다. 표의 가치가 너무 차이 나니까요. 한 표의 가치를 완전히 똑같게 할 수는 없다 할지라도 지나치게 차이가 나면 안 됩니다.

다음으로 직접선거란 국민이 자기가 원하는 후보자에게 직접 투표하는 원칙입니다. 다른 사람의 투표권을 누군가 대신 행사해서는 안 된다는 거죠. 투표는 선거권을 가진 사람이 지정된 투표소에 직접 가서 해야 합니다. 자식이라도 부모 대신 투표할 수 없고, 부모도 자식 대신 투표할 수 없어요. 친구가 멀리 여행이나 일을 보러 갔다고 대신 투표를 해줄 수도 없고요.

그런데 유권자 본인이 직접 후보자를 뽑는 직접선거와 혼동되는 선거제도가 있어요. '대통령 직접선거제도'와 '대통령 간접선거제도'예요. 보통 대통령 직선제, 대통령 간선제라고 줄여서 부릅니다.

대통령 직접선거제도는 우리나라처럼 유권자가 대통령 후보자에게 직접 투표하는 제도예요. 이에 비해 대통령 간접선거제도는 미국처럼 유권자가 '대통령을 선출할 사람'을 뽑기 위해 투표하는 제도이지요. 다시 말해 선거권을 가진 사람과 선거에 출마한 사람 사이에 또 다른 선거인을 두는 거예요.

비밀선거는 투표한 사람이 어느 후보를 선택했는지 비밀이 보장되어야 한다는 원칙입니다. 만약 어떤 후보를 뽑았는지 밝혀야 한다면, 정말 자신이 원하는 대표를 뽑기 어렵지요. 예를 들어 학교에서 반장 선거를 하는데, 가장 친한 친구가 후보로 나왔다고 해도 그 친구보다 더 반장 역할을 잘할 후보가 있다면 그 후보를 뽑을 수 있습니다. 그런데 친구가 이 사실을 알게 되면 서운해할 수도 있겠지요. 혹은 성격이 거칠고 힘이 센 후보가 자신을 뽑지 않는 사람들을 괴롭힐 수도 있잖아요. 그래서 비밀선거는 꼭 필요합니다.

청소년의 정치 권리
만 18세 선거권, 만 16세 정당 가입

열여덟이라는 나이는 의미가 큽니다. 이전까지는 부모의 보호 아래에 있었던 아이였다면, 이제부터는 스스로 결정하고 책임 질 수 있는 성인이라고 보기 때문이에요. 우리나라에서 만 18세 는 결혼할 수 있고, 군대에 입대할 수 있으며, 운전면허를 딸 수 도, 9급 공무원 시험에 응시할 수도 있고, 법정대리인 없이 여 권과 신용카드도 발급할 수 있답니다. 그런데 딱 하나 할 수 없 는 것이 있었는데요. 바로 선거였습니다. 2019년까지 우리나라 는 만 19세 이상만 투표를 할 수 있었습니다.

세계의 여러 국가에서는 청소년이 정치의 중요성을 깨닫고 참여할 수 있도록 투표권을 보장하고 있습니다. 이는 세계의 보 편적 흐름이었어요. OECD 국가 36개국 중 우리나라를 제외한 모든 국가에서 18세 이상 선거권을 인정하고 있었죠. 그래서 우리나라도 2019년 12월 공직선거법 개정을 통해 선거에 참여할 수 있는 연령을 만 18세 이상으로 확대했습니다. 그러니까 만 18세인 고3 학생도 선거에 참여할 수 있게 된 것이죠. 이러한 '선거권 연령 하향'으로 청소년들이 자연스럽게 정치에 대해 생각할 기회가 만들어졌습니다. 또한 미래 세대의 입장을 대변하고, 미래 세대를 위해 긍정적인 정책이 마련될 확률이 높아졌습니다. 투표는 자신의 의견을 반영할 수 있는 강력한 행위로, 대한민국 국민이라면 당연히 갖는 권리이자 의무이기에 만 18세 선거권이 갖는 의미는 매우 특별합니다.

선거 연령이 낮아지면서 2020년 4월 총선에 새로 유입된 만 19세 이상 유권자 수는 약 55만 명이라고 합니다. 2022년 제20대 대통령 선거에서 1위와 2위의 표차가 24만 표, 2002년 제16대 대통령 선거에서 1위와 2위의 표차가 57만 표, 1997년 제15대 대통령 선거에서 1위와 2위의 표차가 39만 표였던 것을 떠올려 보면 충분히 승패를 가를 수 있는 수입니다.

어떤 사람들은 청소년이 합리적이고 이성적인 선택을 하기에는 아직 어리다고 말합니다. 과연 그런가요? 과거에 비해 우리나라는 사회 수준과 시민 성숙도가 높아졌습니다. 4·19 혁명과 5·18 민주화 운동, 2016년 촛불집회 등의 역사를 보세요. 그 모든 순간 속에서 청소년은 우리 사회의 변화를 이끄는 주역이었답니다. 더욱이 앞으로의 시대는 미래 세대가 이끌어야 합니다. 독일에서는 19세의 안나 뤼어만이 최연소 국회의원으로 당선되었고, 미국에서는 19세의 제이슨 네츠키가 시장으로 당선되었습니다. 그동안 기성 세대가 청소년이 살아갈 미래에 너무 많은 영향력을 행사했는지도 모릅니다. 2022년 1월, 정당법 개정으로 정당 가입 연령이 만 18세에서 만 16세로 낮아졌습니다. 고등학교 1학년 학생도 누구나 정당에 가입해 활동할 수 있게 된 것입니다. 다만 18세 미만은 정당 가입 시 법정대리인의 동의서를 함께 제출해야 합니다.

우리나라와 달리 유럽, 미국 등 서구에선 젊은 정치 지도자들이 총리, 장관으로 활약하고 있습니다. 젊은 지도자들은 청년 세대의 목소리를 국정에 반영하며 새로운 정치 질서를 만드는 데 앞장서고 있습니다. 이런 모습을 보면 참 부러운데요. 젊고 역동적인 사회, 성장과 변화의 상징으로 보이기 때문입니다. 예를 들어 볼까요? 산나 마린은 34세의 나이에 총리에 오른 여성 정치인이지만 정치 경력은 15년이 넘습니다. 서구 국가에선 마린 총리처럼 젊은 정치인이 일찌감치 요직을 차지하는 사례가 적지 않습니다. 20대 초반부터 정치권에 진출하는 흐름이 일상적이다 보니 30대 중후반엔 이미 정치 경력 10년 이상의 '준비된 정치인'으로 자리 잡는 경우도 흔합니다. 나이에 비해 탄탄

한 경력을 갖고 있는 것입니다. 어릴 때부터 정당에 가입해 활동하며 리더십과 정책 역량을 키웠기 때문이죠.

이처럼 외국에는 16세부터 선거권을 갖거나 정당 가입 연령의 제한 자체가 없는 곳이 많습니다. 그러나 그동안 우리 사회는 "청소년은 아직 미숙해"라며 청소년의 정치 참여를 제약해 왔습니다. 그러다 보니 정치가 청소년과 청년들의 어려움과 목소리를 제대로 반영하지 못했습니다.

청소년은 어렸을 때부터 정당에 가입해 활동해야 합니다. 중학생 때부터 정당 가입을 통해 정치를 접한다면 더할 나위 없을 것입니다. 학교와 정당에서 정치를 친근하게 느낄 수 있어야, 정치가 우리 생활과 밀접한 관계가 있다는 것을 깨닫고 적극적으로 참여할 수 있을 테니까요. 정당법 개정이 청소년 정치 참여의 장을 열어 줄 것으로 기대합니다.

정당의 목적과 체제
정당은 왜 필요할까?

사람들은 각자의 이해관계가 다르고, 다양한 집단에 소속되어 있습니다. 만일 이 사람들 속에서 자신의 생각을 현실로 실현하고자 한다면 각 집단은 다른 집단들을 설득해서 자기편으로 끌어들여야 하죠.

정치에서는 이러한 목적을 추구하기 위해 정당이라는 단체를 만듭니다. 정당법 제2조는 국민의 이익을 위하여 책임 있는 정치적 주장이나 정책을 추진하고 공직선거의 후보자를 추천 또는 지지함으로써 국민의 정치적 의사 형성에 참여함을 목적으로 하는 국민의 자발적 조직으로 정당을 정의하고 있습니다.

정당의 특징은 세 가지로 볼 수 있습니다. 이념과 정책이 같은 사람들이, 자발적으로 모여, 정치 행동을 한다는 특징이지요. 정치 행동의 궁극적인 목적은 물론 정권을 잡는 것이죠. 정권을 잡지 못한 정당은 다음 선거를 준비해야 합니다. 또한 여당의 일방적인 독주도 견제하고 정부의 행정도 감시하는 등 많은 임무를 감당해야 합니다. 그렇다면 정당은 정권을 잡기 위해 무엇을 해야 할까요?

우선, 좋은 정책을 많이 만들어야 합니다. 정책 개발보다 지역감정을 부추기거나 정부 여당을 정책적으로 공격하는 것이 정권을 잡는 데 더 유리할지도 모릅니다. 그러나 이런 방향으로 가는 순간 정당은 더 이상 정당으로 존재하기 어렵습니다. 정당이란 어디까지나 이념과 정책, 즉 생각이 같은 사람들의 모임이지 고향이 같은 향우회나 이해관계가 같은 이익 단체는 아니기 때문이죠.

또한 지지 기반을 넓혀야 합니다. 국민은 어떤 정당을 지지할까요? 당연히 자기 이야기를 잘 듣고 국가 정책에 반영하기 위해 노력하는 정당을 지지하겠죠. 다시 말해 정당이 지지 기반을 넓히는 가장 좋은 방법은 국민의 뜻대로 움직이는 것입니다.

민주주의 사회에는 다양한 정당이 있고, 정당마다 내세우는 정책도 다릅니다. 다양한 정당이 있는 이유는 그만큼 국민들의 의견이 각기 다르기 때문이죠. 인구가 늘어나고 사회가 복잡해지면서 사람들의 이익이 서로 부딪치고 의견이 갈라지는 경우가 많아진 거예요. 자연스럽게 사회 갈등도 늘어날 수밖에 없어요.

우리나라의 대표적인 사회 갈등은 '지역감정'입니다. 경상도 사람이다, 전라도 사람이다, 충청도 사람이다 해서 고향이 같은 사람들끼리 뭉쳐 서로 대립하는 것이지요. 그 정도가 지나쳐서 오히려 정책이 뒷전으로 밀리기도 해요. 정책에 따라 후보나 정당을 선택하는 것이 아니라, 출신 지역에 따라 지지하는 것이죠.

민주주의 국가는 대부분 헌법에 정당에 대한 별도의 규정을 두어 그 활동을 보장합니다. 누구나 뜻이 맞는 사람들이 모여 정당을 설립할 수 있어요. 우리나라는 정당의 자유설립주의와 복수정당제를 채택하고 있습니다. 자유설립주의는 누구나 자유롭게 정당을 설립할 수 있다는 것이고, 복수정당제는 2개 이상의 정당이 선거를 통해 경쟁할 수 있도록 정당 설립과 활동할 수 있는 자유를 보장하는 것입니다. 결국 민주주의란 정치에 대한 의견이 같은 사람들끼리 정당을 구성해 자신들의 생각을 정치적으로 실현하는 것이기 때문이에요. 많은 사람이 지지하는 정당이나 그 정당의 후보자는 권력을 갖고 자신들의 생각을 정책으로 펼칠 수 있습니다. 유권자가 선거를 통해서 자신을 통치하도록 그들을 선택했으니까요.

민주주의 국가는 국민이 주인이기 때문에 국민의 의견을 존중해야 해요. 국민의 생각과 요구가 다양한 만큼 정당이 많아지므로, 대부분의 민주주의 국가에서는 정당이 여러 개입니다. 하지만 정당 체제는 나라마다 다른데, 크게 다당제와 양당제로 나뉘어요.

다당제는 정치권력을 얻기 위해 3개 이상의 정당이 활동하는 것을 말합니다. 사회 계층의 조직 정도가 높고 역사가 오래된 유럽에서 많이 나타나죠. 전통적으로 노동자들의 지지를 많이 받는 사회민주당, 기업이나 농민 등 보수적인 사람들의 지지를 많이 받아 온 보수당이나 기독교민주당, 여기에 정통 공산주의 이념을 주장하는 공산당, 환경을 중시하는 녹색당 그리고 민족주의 성향을 강하게 띠는 극우 정당 등 여러 정당들이 경쟁합니다. 그러므로 유럽 대부분의 나라에서는 어느 한 정당이 의회 의석의 과반수를 차지하기 힘듭니다. 더구나 유럽의 국가들은 대부분 정부 형태도 의원내각제라서 어느 한 정당이 독자적으로 국가를 경영하지 못하고 여러 당이 연합해서 집권하는 연립 정부가 나타날 가능성이 높습니다. 프랑스와 같은 이원집정부제에서는 대통령은 사민당이, 내각 수상은 기민당이 차지하는 동거 정부도 나타났었죠. 이렇게 되면 대통령과 수상이, 또는 연립정부를 구성한 정당들끼리 사사건건 싸우게 되지는 않을까 걱정되지요? 그러나 유럽은 이와 같은 다당제에서 의원내각제를 오랫동안 운영해 왔고, 그 과정에서 많은 경험을 쌓았습니다. 그래서 대통령과 수상이 싸우거나, 연립 정부를 구성하고 있는 공동 여당끼리 서로 싸워서 정치가 불안정해지는 경우는 극히 드뭅니다. 개별 정책에서는 입장이 달라도 국민을 위한 정치라는 관점은 같기 때문이에요.

양당제는 세력이 비슷한 2개의 정당이 힘을 나눠 갖는 것을 말해요. 실제로는 여러 개의 정당이 있지만 2개의 정당이 다른 정당보다 훨씬 많은 지지를 받습니다. 미국이나 남미, 아시아 등 대통령제를 채택하고 있는 나라들에서는 양당제가 우세하다고 할 수 있습니다. 이들 나라에서는 대통령이 중심이니 대통령을 배출한 여당과 그렇지 않은 야당으로 나뉘는 게 자연스러운 일이겠죠. 이러다 보니 여당과 야당 간의 정책이나 이념의 차이가 그렇게 크지 않은 경우도 생깁니다. 우리나라도 크게 보면 양당제 정당 구조라고 볼 수 있는데, 여당과 야당이 모두 보수적이라 해서 보수 양당제라는 말을 쓰는 것도 이 때문입니다. 양당제 정당 구조의 경우 '보수 대 진보' 양당제가 이론상 바람직하다는 점은 모두들 인정하고 있죠. 비행기도 오른쪽 날개와 왼쪽 날개 두 개로 비행하듯 사회도 보수와 진보가 균형을 이루어야 제대로 발전할 수 있고, 바로 그 보수와 진보를 대표하는 보수 정당과 진보 정당의 양당제 정당 구조가 원활하게 작동될 때 정치 발전도 이루어지지 않겠냐는 겁니다.

우리나라도 1980년대 이후 민주주의가 정착되고 냉전 시대의 이분법적인 흑백 논리가 많이 사라졌습니다. 그래서 진보를 내세운 정치 세력들이 공개적으로 활동하게 되었지만, 보수·진보 양당제 구조를 만들어 낼 만큼 나아가지는 못했습니다. 물론 정당들 간의 경쟁도 점차 정책 중심으로 가고 있고, 지역주의나 연고주의 같은 전근대적 폐단들도 개선되고 있어서 조만간 건강한 양당 경쟁 구조가 만들어질 것이라는 가능성이 보이고 있어요.

또한 건강한 양당제 구조가 세워지려면 양당을 열심히 지지하고 후원하는 국민 참여가 반드시 필요합니다. 많은 사람이 평소에는 정치인을 그리 좋아하지 않다가도 선거를 앞두면 어느 정당의 편에 서서 그들을 지지합니다. 자신이 지지하는 후보가 당선되어야 올바른 정치가 이루어진다고 주장하죠. 그러나 그러기 위해서는 정당이 민주적으로 운영되어야 합니다. 실제로 많은 이들이 정당에 참여해서 정당의 의사 결정에 참여할 수 있어야 하고, 당비를 내서 당이 불법으로 거래하지 못하도록 보호해야 합니다. 많은 사람이 참여하지 않으면 정당, 나아가서 정치는 몇몇 정치인들의 소유물로 전락하게 될 테니까요.

우리나라 정당의 역사
그때 그 정당은 어디로 갔을까?

우리나라 정당의 역사는 해방 이후부터 시작됐습니다. 1945년에서 1948년, 해방 정국 시기는 수많은 정당이 난립한 정당의 전국시대였습니다. 결국, 남한 단독정부 수립을 주도한 이승만이 1948년에 대한민국의 초대 대통령에 당선되면서 우리나라 정당사는 이승만의 지지 세력이었던 한국민주당에 의해 시작되었습니다. 그러나 정부 수립을 주도했던 한국민주당은 정부 내각 구성에서 밀려났고, 1954년 5·20 총선에서 여당이 된 자유당이 그 자리를 차지했죠. 자유당은 이승만 대통령의 종신 집권을 위해 대통령 3선 제한 철폐를 위한 개헌, 사사오입 개헌을 꾀했습니다. 이후 1960년 3월 대통령 선거를 앞두고 민주당의 조병옥이 미국에서 치료를 받던 중 갑자기 사망하는 일이 벌어졌지요. 이승만은 대통령에 당선되었지만 3·15 부정선거로 4·19

혁명이 촉발되면서 자유당은 붕괴되었습니다.

1960년 4·19 혁명으로 인한 자유당 해체는 한국민주당의 계보를 잇는 민주당의 전면 등장을 예고했죠. 그리고 그해 민의원 선거에서 175명이 당선될 정도로 민주당은 돌풍을 일으켰습니다. 그러나 신·구파 간 치열한 집권 경쟁에 휘말렸습니다. 대통령은 구파의 윤보선, 내각은 신파의 장면에게 돌아가자 구파의 1인자 김도연을 중심으로 64명의 의원이 탈당해 1961년 신민당을 창당했습니다. 그러나 이런 변화의 바람에도 불구하고 1961년 5·16 쿠데타로 1963년 1월까지 정당 활동은 금지되었습니다. 이후 해금조치는 이루어졌지만 상황은 변해 있었죠. 5·16 쿠데타 세력인 민주공화당이 등장한 것입니다.

제6대 국회의원 선거에서 집권당이 된 민주공화당에 김종필 중앙정보부장이 적극 참여했고, 야당은 통합 과정을 거쳐 1967년 신민당을 창당했습니다. 1971년 대선을 앞두고 신민당 원내총무 김영삼은 '40대 기수론'을 외치며 대통령 후보로 나섰고, 이어 김대중과 이철승이 후보로 출마를 선언했습니다. 1, 2차 투표 끝에 마침내 김대중이 야당의 대통령 후보로 결정되고 김영삼 후보가 이에 승복, 선거운동을 적극 지원했습니다. 1971년 제7대 대통령 선거에서 박정희 후보는 김대중 후보를 90여 만 표 차이로 누르고 3선에 성공했죠. 하지만 1972년 대통령의

10·17 특별 선언과 계엄령 선포로 국회와 정당의 해산 및 정치 활동이 중지되었고, 12월 27일 장기 집권의 초석이 된 유신헌법이 공포, 발효되었습니다.

그리고 1979년 10월 26일, 박정희 대통령이 사망하자 정국이 크게 흔들렸습니다. 그 시기 김대중이 정계에 복귀하면서 신민당 내부는 김영삼계와 김대중계로 대립했고, 민주공화당은 김종필이 당총재로 취임하여 재건을 꾀했습니다. 이후 90년대까지 김영삼, 김대중, 김종필을 중심으로 정치권력이 나뉘어져 서로 협력하고 경쟁하면서 현대사회의 큰 기류인 '3김 시대'가 본격적으로 열리게 되었습니다.

박정희 대통령이 사망하자 최규하 대통령 권한대행을 거쳐 1979년 12월, 제10대 대통령으로 취임했습니다. 그러나 12·12 군사 반란으로 전두환 등 신군부가 실권을 장악하고 최규하 대통령은 1980년 8월 퇴임합니다. 당시 상황은 민주화의 열망으로 '서울의 봄'으로 비유되었지요. 그러나 김종필은 '춘래불사춘 春來不似春'을 인용하며 당시의 정치 상황을 "봄은 왔으나 아직 봄이 아니다"라고 언급했습니다. 1980년 10월 권력을 장악한 신군부 세력은 모든 정당을 해산시킵니다. 이후 신군부 세력은 민주정의당을 창당, 당대표가 된 전두환은 1981년 2월 대통령선거인단의 선거를 거쳐 제12대 대통령에 취임합니다.

그렇다고 야당이 손을 놓고 있었던 것은 아니었습니다. 1985년 구 신민당 인사들과 야권 정치인들이 함께 신한민주당을 창당했고, 그해 국회의원 선거에서 67석을 확보하며 정계에 돌풍을 일으켰습니다. 급기야 신한민주당은 1986년 대통령 직선제 개헌 서명 운동을 전개했습니다. 이는 1987년 6월 민주 항쟁으로 발전했고, 6·29 선언으로 이어졌습니다.

그러나 1986년 12월, 신민당 총재로 직선제 개헌안을 계속 지지해 온 이민우가 지방자치제 실시와 구속자 석방 등을 전제로 "내각제 개헌에 합의할 수 있다"라고 선언하자, 반발한 김영삼과 김대중은 소속의원 74명을 이끌고 통일민주당을 창당합니다. 당시 통일민주당은 대통령 선거를 앞두고 대통령 선거의 후보자 선출 방식에 대한 이견을 좁히지 못하고, 국민적 열망이었던 김대중과 김영삼, 양 김씨의 후보 단일화가 결렬되면서 끝내 분당되었습니다. 결국 통일민주당의 김영삼, 평화민주당의 김대중, 신민주공화당의 김종필이 모두 대선에 출마함에 따라 36.6퍼센트의 표를 획득한 민주정의당의 노태우 후보에게 패배하고, 이로써 1988년 노태우가 제13대 대통령에 취임했습니다.

하지만 그해 치러진 제13대 총선에서 민주정의당이 과반 의석을 얻는 데 실패하자, 여소야대 정국을 타개하기 위해 이른바 보수대연합을 비밀리에 추진하였는데, 이것은 결국 1990년 노태우 대통령, 김영삼 총재, 김종필 총재가 3당 합당을 선언함으로써 거대 보수여당인 민주자유당이 탄생하는 결과를 낳았습니다. 그리하여 1992년 12월, 민주자유당의 김영삼 후보가 제14대 대통령으로 당선, 문민정부가 출범했고, 김대중은 이 패배를 계기로 정계에서 은퇴했습니다.

1995년 12월 김영삼 대통령은 1996년 총선을 앞두고 신한국당으로 이름을 바꾸고, 김대중은 1995년 7월 정계 복귀를 선언하며 새정치국민회의를 창당했습니다. 새정치국민회의는 1996년 제15대 총선에서 79석을 차지해 제1야당이 됩니다.

1997년 12월, 제15대 대통령 선거에서는 새정치국민회의 김대중 후보가 자유민주연합 김종필과 DJP 단일화에 성공, 신한국당의 이회창 후보와 국민신당의 이인제 후보를 물리치고 40.3퍼센트의 득표율로 당선됨으로써 헌정 사상 처음으로 수평적인 정권 교체를 이룩했습니다.

김대중 대통령은 취임 후 2000년 1월 새정치국민회의의 이름을 새천년민주당으로 바꾸었습니다. 그러는 사이 신한국당은 한나라당으로 바뀌며 재집권을 위한 기반 쌓기에 힘을 기울였고, 한편 새천년민주당은 김종필이 주축이 되어 창당된 자유민주연합과 공동 정권을 이어나가다가 2001년 양당의 공조 체제는 무너졌습니다. 이후 2004년 4월 총선에서 패배하자 김종필은 총재직을 사임하고 정계 은퇴를 선언했고, 자유민주연합은 2006년 4월에 자진 해산하면서 역사 속으로 사라졌습니다.

밀레니엄 시대인 2000년대는 새로운 시대를 맞이하는 기대 감으로 가득 찬 시기였습니다. 2002년 12월에 치러진 제16대 대통령 선거 후보는 새천년민주당의 노무현, 한나라당의 이회 창, 민주노동당의 권영길 등 6명이 출마했습니다. 선거의 양상 은 새천년민주당의 노무현 후보와 한나라당 이회창 후보의 양 자대결 구도로 모아졌습니다. 특히 낡은 정치의 청산, 행정수 도의 충청권 이전 등을 기치로 내건 새천년민주당 노무현 후보 와 부패 정권 심판, 정권 교체 등을 내세운 한나라당 이회창 후 보 사이의 접전이 치열했습니다. 그 결과 노무현 후보가 대통 령에 당선, 취임 후 새천년민주당에서 탈당해 열린우리당을 창 당했습니다. 국민들의 자발적 모금과 인터넷을 기조로 한 새로 운 선거운동이 대통령 선거를 승리로 이끄는 데 도움이 된 선 거였지요.

한편 한나라당은 위기를 맞았습니다. 2004년 불법 대선 자금 문제와 노무현 대통령의 탄핵 역풍으로 4월 15일에 치러질 총 선에 차질이 불가피했던 것이죠. 새 대표로 취임한 박근혜 대표 는 여의도 중앙당사를 떠나 천막 당사 생활을 선언, 그해 총선 에서 한나라당은 121석을 차지하며 선전했습니다. 2007년 8월,

한나라당 대선 후보 경선에서 박근혜 후보는 이명박 후보에게 근소한 차이로 패배, 깨끗하게 승복하였고 그해 12월 제17대 대통령 선거에서 열린우리당과 합당한 대통합민주신당의 정동영 후보, 한나라당의 이명박 후보 등이 나와 경합을 벌였으며, 야당인 한나라당의 이명박 후보가 당선되어 이듬해 2월 대통령에 취임했습니다.

한나라당은 제18대 대통령 선거를 앞두고 정부 여당의 지지도 하락 등 위기의식이 높아지자 2011년 12월, 당의 전면적 쇄신을 기치로 하여 박근혜를 위원장으로 하는 비상대책위원회를 구성하고 당 명칭을 새누리당으로 변경하였으며, 2012년 12월 대선에서 새누리당의 박근혜 후보가 민주통합당의 문재인 후보를 누르고 당선되었습니다. 이후 새누리당은 박근혜 대통령 탄핵과 분당 사태 등 위기 상황을 극복하고 당 분위기를 쇄신하기 위해 2017년 2월 자유한국당으로 당명을 바꾸었습니다.

민주통합당은 2011년 창당된 이후 2013년 다시 민주당으로 당명을 변경했습니다. 이후 2014년 3월, 안철수가 창당한 새정치연합과 야권 통합하여 새정치민주연합으로 당명을 변경하였다가 2015년 12월 더불어민주당으로 당명을 변경했습니다.

2017년 3월 헌법재판소는 대통령의 탄핵 판결을 내렸고, 2017년 5월에 제19대 대통령 선거가 치러졌습니다. 이때 문재인 더불어민주당 후보는 41퍼센트의 득표율로 역대 대선 사상 최다 득표 차로 대통령에 당선되었습니다. 야권은 2008년 2월 노무현 전 대통령 퇴임 이후 10년 만의 정권 교체에 성공했습니다.

우리나라 정당사에서 진보 정당은 1956년 11월 창당된 진보당이 효시입니다. 그러나 1958년 이승만 정부는 조봉암 등 진보당 간부를 국가보안법 위반 혐의로 구속하고 당 등록을 취소했습니다. 1987년 6월 항쟁 이후 진보 정당 창당 운동이 재점화되어 민중의당, 한겨레민주당, 민중당, 건설국민승리21 등이 생겨났습니다. 1997년 제15대 대선에서 건설국민승리21은 민주노총위원장이었던 권영길 대표를 대통령 후보로 내세워 득표율 1.2퍼센트를 기록했고, 2000년 민주노동당으로 새롭게 태어난 후 2002년 대선에서 3.9퍼센트를 얻어 지지율의 수직 상승을 보였습니다. 민주노동당은 2004년 4월 국회의원 선거에서 10석을 차지하며 국회 진출을 이루었으나 당내 이념 차이로 주요 세력이 탈당하여 진보신당을 창당했습니다. 이후 진보계열 정당은 민주노동당, 국민참여당 등이 통합한 통합진보당과 진보신당으로 나눠졌고, 2012년 제19대 총선에서 통합진보당은 13명을 당선시켰으나 진보신당은 원내 진출에 실패했습니다. 그러나 2014년 12월 19일, 헌법재판소의 결정으로 통합진보당은 정당이 해산되었습니다. 하지만 이미 통합진보당은 총선 이후 비례대표 경선 부정 논란으로 국민참여당 등 주요 인사들이 탈당했지요. 이들 탈당파들은 진보정의당을 결성하고, 2013년 7월 당명을 정의당으로 이름을 고쳤습니다.

해방 이후 오늘에 이르기까지 수많은 정당이 생겨나고 또 사라진 대한민국의 정당사, 어떻게 보았나요? 정당은 국민의 의사를 정책에 반영하고 국민이 정치에 참여하는 수단입니다. 이러한 정당의 본질이 살아 있는 한 우리나라 정당의 역사는 계속될 것입니다.

대한민국 역대 대통령과 소속 정당

역대	임기	이름	정당
1대	1948년 8월 15일 ~ 1952년 8월 14일	이승만	자유당
2대	1952년 8월 15일 ~ 1956년 8월 14일	이승만	자유당
3대	1956년 8월 15일 ~ 1960년 4월 26일	이승만	자유당
권한대행	1960년 4월 27일 ~ 1960년 6월 15일	허정	민주당
권한대행	1960년 6월 16일 ~ 1960년 6월 23일	곽상훈	민주당
권한대행	1960년 6월 23일 ~ 1960년 8월 7일	허정	민주당
권한대행	1960년 8월 8일 ~ 1960년 8월 12일	백낙준	민주당
4대	1960년 8월 12일 ~ 1962년 3월 23일	윤보선	민주당

역대	임기	이름	정당
권한대행	1962년 3월 24일 ~ 1963년 12월 16일	박정희	무소속
5대	1963년 12월 17일 ~ 1967년 6월 30일	박정희	민주공화당
6대	1967년 7월 1일 ~ 1971년 6월 30일	박정희	민주공화당
7대	1971년 7월 1일 ~ 1972년 12월 26일	박정희	민주공화당
8대	1972년 12월 27일 ~ 1978년 12월 26일	박정희	민주공화당
9대	1978년 12월 27일 ~ 1979년 10월 26일	박정희	민주공화당
권한대행	1979년 10월 26일 ~ 1979년 12월 6일	최규하	민주공화당
10대	1979년 12월 6일 ~ 1980년 8월 16일	최규하	무소속
권한대행	1980년 8월 16일 ~ 1980년 9월 1일	박충훈	무소속
11대	1980년 9월 1일 ~ 1981년 2월 24일	전두환	민주정의당
12대	1981년 2월 25일 ~ 1988년 2월 24일	전두환	민주정의당
13대	1988년 2월 25일 ~ 1993년 2월 24일	노태우	민주자유당
14대	1993년 2월 25일 ~ 1998년 2월 24일	김영삼	민주자유당
15대	1998년 2월 25일 ~ 2003년 2월 24일	김대중	새천년민주당
16대	2003년 2월 25일 ~ 2008년 2월 24일	노무현	열린우리당
17대	2008년 2월 25일 ~ 2013년 2월 24일	이명박	한나라당
18대	2013년 2월 25일 ~ 2016년 12월 9일	박근혜	새누리당
권한대행	2016년 12월 9일 ~ 2017년 5월 9일	황교안	무소속
19대	2017년 5월 10일 ~ 2022년 5월 9일	문재인	더불어민주당
20대	2022년 5월 10일 ~ 2027년 5월 9일	윤석열	국민의힘

'최초'로 알아보는 선거
첫 번째 선거는 언제 치러졌을까?

전 세계에서 '최초'로 실시된 선거는 무엇일까요? 우선 문헌으로 남겨진 가장 오래된 선거의 형식에는 우리가 세계사 시간에 들어본 도편 선거가 있습니다. 고대 그리스 지역에서 실시된 것으로 알려져 있으며, 도자기의 파편에 이름을 써서 투표하는 형태였다고 합니다.

최초로 여성이 참여했던 근대적 투표는 뉴질랜드에서 있었습니다. 여성이 투표에 참여한 것은 1860년대 지방선거 때부터였고, 1893년 선거법 개정으로 뉴질랜드의 모든 선거에 여성들도 투표권을 가지게 되었습니다.

그렇다면 우리나라에서 민주적 방식으로 공직자를 선출한 최초의 사례는 어떤 것일까요? 바로 1948년 5월 10일에 있었던 제헌 국회의원 선거입니다. 제헌 국회의원은 현재 4년의 임기와는 달리 2년이라는 짧은 임기를 가지고 있었습니다. 이 제헌 국회의원 선거의 투표율은 선거인 7,840,871명 중 투표자 7,487,649명이라는 놀라운 수치로 95.5퍼센트 투표율을 기록했습니다. 특히 강원도에서는 선거인 467,554명 중 459,038명이 투표해 98.2퍼센트라는 압도적인 투표율을 기록했습니다.

이 제헌 국회의원 선거는 우리나라에서 최초로 이루어진 선거이자, 남녀 모두가 평등하게 누릴 수 있는 투표권이 제공되었다는 점에 큰 의의가 있습니다. 다른 나라들에서 여성 투표권 획득을 위해 많은 투쟁이 있었다는 것을 생각한다면, 또 그 이전에 우리나라에 가부장적인 문화가 얼마나 견고했는지 생각한다면 상당히 혁신적이었다고 평가할 수 있습니다.

그리고 제헌 국회의원들이 투표권자가 되어 간선제로 이루어진 우리나라 최초의 대선이 바로 1948년 7월 20일에 실시한 초대 대통령과 부통령 선거입니다. 초대 대통령으로는 이승만, 부통령으로는 이시영이 선출됨으로써 드디어 대한민국이라는 나라가 건국이 되는 과정을 거쳤지요. 이 초대 대통령 선거에는 재미있는 사실도 있습니다. 후보로 나섰던 무소속 서재필 후보가 1표를 획득했지만, 당시 서재필 후보가 미국 국적을 취득했다는 이유로 이 1표가 무효표로 처리되었습니다. 또 부통령 선거의 1차 투표에서는 그 누구도 출석 의원 3분의 2 이상의 득표를 하지 못하는 바람에 2차 투표를 거친 결과 이시영 후보가 당선되었습니다.

　최초의 지방선거는 민주화 이후 치러졌다고 알고 있는 분들이 많죠? 국민의 손으로 직접 뽑았다는 뜻에서, 흔히 민선 O기 시장 등의 표현을 많이 사용하는데요. 우리나라 최초의 지방선거는 1952년 4월 25일에 치러졌답니다. 다만 당시의 지방자치법에는 시·읍·면 의회 의원 선거 및 도의회 의원 선거만 직접선거로 치러지고, 시·읍·면장은 지방의회 의원들의 간접선거로, 서울특별시장 및 도지사는 임명직으로 규정되어 있었습니다. 1956년 2회 지방선거에서는 지방자치법이 일부 개정되어 시·읍·면장을 지역 주민들의 직접선거로 선출하도록 개정되었습니다. 제1회 지방선거에서는 무투표 당선이 매우 많았는데요, 전라남도의 경우 전체 당선자 중 63퍼센트가 무투표로 당선되었습니다. 반대로 경상북도와 충청북도의 경우는 각각 3퍼센트, 4퍼센트만이 무투표로 당선되어 치열한 열기를 보여 주었습니다.

　그렇다면 최초의 재·보궐선거는 언제 이루어졌을까요? 여기서 재선거와 보궐선거는 선거로 뽑은 대통령과 국회의원, 지방자치단체의 단체장과 지방의회 의원 등의 자리가 비었을 때 이들을 다시 뽑기 위해 실시하는 선거예요. 재선거나 보궐선거 모두 선거를 다시 치른다는 점은 같지만, 그 내용은 많이 다릅니다. 최초의 보궐선거는 초대 대통령 이승만이 제헌의회 선거에서 지역구로 당선됨으로써 1948년 10월 30일에 시행되었습니다. 당시 대통령 이승만이 제헌 국회의원 선거에서 동대문 갑구에 출마하여 당선된 탓에 이 지역구의 제헌 국회의원 공석을 메우기 위해 보궐선거가 치러졌던 것입니다. 그 결과 한국민주당 홍성하 후보가 최초의 보궐선거 당선자라는 타이틀을 얻었지요.

우리나라 최초의 재외선거는 1967년에 시행되었습니다. 6, 7대 대선과 7, 8대 총선에서 시행되었지만, 1972년 통일주체국민회의법이 제정된 이후에는 불가능하게 되었습니다. 부재자 신고 대상을 국내 거주자로 제한함에 따라 외국 거주자는 참정권 행사를 할 수 없게 되었기 때문이지요. 하지만 2007년 6월 헌법재판소는 재외국민에게 선거권을 주지 않는 것에 대해 헌법불합치 결정을 내렸고, 헌재의 결정을 토대로 2009년 공직선거법이 개정되면서 재외국민에게도 투표권이 주어졌습니다. 이를 기반으로 열린 첫 선거가 2012년 4월 11일 제19대 국회의원 선거입니다. 재외선거를 통해 국외에 거주하거나 체류 중인 재외국민도 투표권을 획득함으로써 국민이 당연히 가져야 할 권리를 회복할 수 있게 되었습니다.

정당의 후보, 국민이 직접 선출할 수 있다?
국민참여 경선제

어떤 정당에 속한 사람이 대통령이 되고 싶다면, 정당에서 실시하는 후보 선발 대회인 당내 경선을 거쳐야 합니다. 보통 경선에 참여하는 후보는 당에서 결정하지만, 당원이 아닌 일반 국민이 선거에 참여해 후보를 결정할 수도 있습니다.

국민참여 경선제란 일반 유권자들의 투표에 따라 정당의 후보를 결정하는 제도로, 전국 각지를 순회하면서 진행됩니다. 이는 정당의 후보자를 선출할 수 있는 권리를 당원으로 제한하지 않고 모든 국민에게 열어 두는 방식이죠. 이로써 모든 유권자는 자신의 당적에 상관없이 투표권을 행사할 수 있어요. 정당의 당원뿐만 아니라 일반 국민도 후보를 선출하는 과정에 참여할 수 있어 민주적입니다. 우리나라에서는 2002년 제16대 대통령 선거 당시 처음으로 새천년민주당이 도입했고, 이를 통해 노무현 후보를 선출했습니다.

대통령 후보뿐만 아니라 한 지역의 국회의원 후보를 뽑을 때도 국민참여 경선제를 활용합니다. 국회의원 선거에서 당의 후보를 뽑는 것을 공천이라고 하는데요. 과거에는 당의 최고 실력자인 당 총재가 직접 후보를 선정하는 경우가 많았습니다. 그러나 비밀리에 공천을 하기도 해서 국민의 원성을 샀습니다. 국민참여 경선제는 기존 정치 세력의 영향력을 줄이고, 일반 국민이 선호하는 인물을 후보로 삼는 데 좀 더 유리합니다.

한편 국민참여 경선제의 단점도 있습니다. 선거의 규모가 커지기 때문에 비용이 더 드는 것이죠. 또한 공천은 정당 고유의 권한이자 책임인데, 유권자가 투표를 통해 후보를 정하도록 해서 국민에게 책임을 넘기는 것처럼 비칠 수도 있습니다. 또 상대 정당의 후보 선출을 교란하고자 악의적으로 투표에 참여하는 사람이 있을 수도 있죠. 이러한 문제를 막기 위해 일반 국민의 참여 비율에 제한을 두는 경우도 있습니다. 예를 들면 당원 50%, 일반 국민 50%로 비율을 정해 두는 것이죠.

최근에는 참여민주주의 시대에 걸맞게 대개의 주요 정당에서 국민참여 경선제를 채택하고 있습니다. 국민참여 경선제를 통해 후보를 선출하는 과정에 참여하는 사람이 많아지면 질수록, 이후 치러지는 선거에 대한 국민의 관심이 더 높아질 거예요.

3장

공정사회의
뿌리,
선거제도

선거구제와 대표제
어디에서, 얼마나 뽑을까?

우리나라에서 국회의원을 뽑을 때는 선거구제와 대표제, 두 제도를 채택하고 있습니다. 선거구제란 말 그대로 의원이 선거구(지역구)를 대표하는 의석을 받는 제도를 말하고, 대표제는 특정 단체를 대표하는 의석을 받는 제도를 말합니다. 선거구제는 지역과 의석을 배분하는 형식에 따라 소선거구제와 중·대선거구제로 나뉘는데요, 우리나라는 소선거구제를 채택하고 있습니다. 대표제 또한 여러 제도들이 있지만 우리나라는 비례대표제를 채택하고 있습니다. 후보자로 내보내는 의원은 지역구 의원과 비례대표 의원으로 구분합니다.

대통령 선거와 지방자치단체장 선거는 이미 정해진 행정구역대로 선거가 치러지므로 선거구를 따질 일이 없지만 국회의원이나 지방의회 의원을 뽑는 선거에서는 선거구를 어떻게 정하느냐가 매우 중요합니다. 현재 우리나라의 국회의원 의석수는 총 300석으로 정해져 있습니다. 현실적으로는 의원직의 사퇴, 상실 등으로 인원 변동이 계속 있지요. 그중 지역 선거구에서 가장 많은 표를 얻어 뽑힌 국회의원(지역구 국회의원)은 253명이고, 정당 득표율에 따라 자리를 받게 되는 국회의원(비례대표 국회의원)은 47명입니다.

대표자를 뽑기 위해서는 어떤 단위별로 몇 명씩 뽑을지에 대한 약속이 먼저 있어야 되겠죠? 이게 바로 선거구입니다. 일반적으로 선거구는 지역적인 하나의 단위가 될 수 있습니다. 서울특별시장을 뽑는다면 서울특별시가 선거구가 되고, 대통령을 뽑는다면 대한민국 전체가 선거구가 되겠지요? 이렇듯 선거구를 획정한다는 말은 선거구를 자르고 정한다는 뜻입니다.

선거구의 종류는 한 선거구에서 선출하는 의원의 정수를 기준으로 나누어요. 우리나라의 국회의원 선거나 미국 의회 선거처럼 한 선거구에서 한 명의 의원을 선출하는 방식부터 이스라엘 의회 선거처럼 전국을 하나의 선거구로 해서 전체 의원을 뽑는 방식에 이르기까지 매우 다양합니다. 보통 한 선거구에서 한 명의 의원을 선출하는 소선거구제와 2명에서 4명의 의원을 선출하는 중선거구제, 5명 이상의 의원을 선출하는 대선거구제로 나누어집니다.

소선거구제는 영국, 프랑스, 미국, 일본 등에서 쓰이는 선거구제입니다. 이것을 이해하기 위해서 A국을 가정해 봅시다. 이 나라의 인구는 16만 명이고 선거구는 16개, 지역대표 의원은 16명으로 한 선거구에서 1명을 선출하고 투표율은 100퍼센트, 인구분포도는 균일합니다.

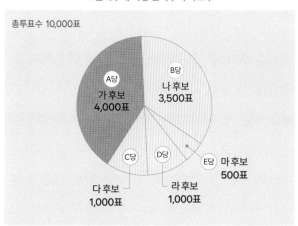

소선거구제 시행 선거구의 득표수

먼저 1선거구의 총투표수가 10,000표라고 가정할 경우에 투표 결과가 A당의 가 후보 4,000표, B당의 나 후보 3,500표, C당의 다 후보 1,000표, D당의 라 후보 1,000표, E당의 마 후보 500표라고 해보죠. 누가 당선될까요? 한 명만 뽑아야 하니까

가 후보가 당선이 되겠죠. 그런데 가 후보가 당선이 되지 않을 수도 있습니다. 이유는 가 후보가 전체 유효 표의 과반수를 득표하지 못했기 때문입니다. 이런 경우를 절대 다수대표제라고 하는데, 당선자가 나오지 않았으므로 가 후보와 나 후보를 놓고서 다시 최종 투표를 해야 합니다. 이런 것을 결선투표라고 해요. 그런데 가 후보를 그냥 당선시킨다면 이런 경우를 상대 다수대표제라고 표현합니다. 즉 절대다수는 차지하지 못했어도 상대적으로 4,000명은 3,500이나 1,000에 비해서는 다수이기 때문에 4,000명을 대표한다는 점에서 상대 다수대표제라고 하고 우리나라에서는 이 상대 다수대표제를 채택하고 있습니다.

소선거구제일 때, 다수당의 경우를 생각해 봅시다. 다수당의 경우 지지율과 득표율과 의석 점유율 사이의 관계가 어떻게 될까요? 이런 경우를 생각해 보죠. 어떤 사람이 D당의 라 후보를 좋아하기는 하지만 문제가 있습니다. 라 후보는 찍어도 소용이 없을 것 같으니까요. 도대체 당선될 가능성이 너무 적어 자신이 찍은 표가 사표가 될 것 같아서죠. 그런데 박빙의 승부를 벌이고 있는 가 후보와 나 후보 중 나 후보가 알고 보니 그 사람의 불구대천지 원수인 거예요. 그러면 라 후보를 지지하지만 나 후보의 당선을 막기 위해 가 후보를 찍겠지요. 그런 경우 때문에 가 후보는 지지율보다 더 높은 득표율을 기록할 수 있습니다.

더군다나 득표율은 4,000/10,000으로 40퍼센트지만 의석 점유율은 1/1으로 100퍼센트가 됩니다. 여기서 다수당의 경우에는 지지율 < 득표율 < 의석 점유율이 됩니다.

그래서 이 선거구제는 일반적으로 소수당의 경우 원내 진출이 어렵고 다수당에게 유리하기 때문에 양당제가 정착되기가 쉽습니다. 이 경우 거대 여당과 거대 야당 간의 대결 구도로 가기 쉬운 제도이기에 무소속이나 소수당의 경우 문턱이 높아지는 문제가 있습니다. 또 선거구가 작으니 지역의 유력자가 당선되기 쉬워서 전국적인 인지도를 지녔지만 지역 출신이 아닌 인물의 당선이 어렵고, 사표가 왕창 발생해서 국민의 의사가 왜곡되기 쉽습니다. 이러한 문제를 보완하기 위해 우리나라는 비례대표제를 함께 실시하고 있습니다. 물론 소선거구제의 장점도 있습니다. 선거구가 작으니까 선거비용이 줄고 선거관리도 쉽습니다. 그리고 아는 사람이 나올 확률이 높고 일등만 당선이 되니까 재미있습니다. 그래서 정치적 관심이 높아진다고 볼 수 있죠. 대신 일등만 뽑히니까 아무리 많은 표를 받아도 2등이면 탈락! 다음 기회를 노려야 하죠. 다음 기회가 와도 지난번 1등이 또 뽑힐 가능성이 많고요. 그래서 우리나라에는 특정 지역을 기반으로 3선, 4선, 5선 등 여러 번 국회의원에 당선된 사람이 많습니다.

이번에는 중·대선거구제로 가봅시다. 이 나라도 인구는 16만 명이고 선거구는 4개, 지역대표의원은 16명으로 한 선거구에서 4명을 선출하고 투표율은 100퍼센트, 인구분포도는 균일하다고 가정해 보죠. 1선거구에서는 6명의 후보자가 나옵니다. 결과를 가정해 볼까요?

중·대선거구제 시행 선거구의 득표수

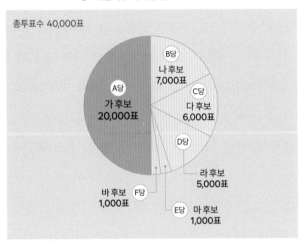

먼저 1선거구의 총투표수를 40,000표로 가정하고 투표 결과가 A당의 가 후보 20,000표, B당의 나 후보 7,000표, C당의 다 후보 6,000표, D당의 라 후보 5,000표, E당의 마 후보 1,000표, F당의 바 후보 1,000표라고 합시다. 누가 당선될까요? 4등까지 당선이 되니까 가, 나, 다, 라 후보겠죠. 여기서 라 후보는 5,000표로 가, 나, 다 후보보다는 분명히 득표수가 적습니다. 하지만 그 5,000명도 대표를 가졌지요. 그래서 우리는 이러한 선거구제를 소수도 대표를 가진다고 해서 소수대표제라고 표현합니다.

이 경우에도 다수당을 생각해 보죠. 여러분이 가 후보의 지지자라고 생각해 봅시다. 투표하고 싶을까요? 아니죠. 별로 투표하고 싶은 마음이 안 들 거예요. 투표하지 않아도 어차피 당선이 될 것 같아서죠. 그러니까 투표를 안 할 확률이 높습니다. 그래서 A당과 같은 경우 지지율>득표율의 결과가 발생하고, 득표율은 50퍼센트입니다. 그런데 의석 점유율은 4분의 1이니까 25퍼센트가 되지요. 결국 다수당의 경우 지지율>득표율>의석 점유율의 경우가 발생하게 됩니다. 즉 다수당에 불리한 선거구제인 것이죠. 그러니까 다수당은 열받습니다. 어떻게 할까요? 그렇죠! 두 명의 복수 후보를 공천하는 것이죠. 즉 가 후보 이외에도 사 후보를 공천합니다. 두 후보가 10,000표씩 나누어 가진다고 보면 둘 다 당선이 되니까요. 그래서 중대선거구제에서는 다수당의 경우 복수의 후보를 공천하기 쉽고, 거기에다가 4등만 하면 당선이 되니까 후보가 많이 나옵니다. 후보가 난립하기 쉽다 보니 선거 관리가 어렵고 비용이 많이 들어요. 선거구가 크니까 전국적인 인지도가 높은 후보의 당선이 용이하고, 선거구가 크고 후보가 많이 나와 누가 나오는지도 잘 모르는 수가 많으니까 선거에 대한 관심이 떨어질 우려가 있습니다. 하지만 국민의 의사가 고루 반영될 수 있고 국민 의사의 왜곡을 막을 수 있으며 소수당의 원내 진입이 쉬워질 수 있지요.

물론 중·대선거구제라고 해서 대표자의 전체 수가 많아지는 것은 아니에요. 예를 들어 선거구 100개에서 1명씩 100명을 선출하면 소선거구제이고, 50개 선거구에서 2명씩 100명을 선출하면 중선거구제, 10개 선거구에서 10명씩 100명을 선출하면 대선거구제가 되는 거랍니다.

우리나라에서는 3차 개헌 후 참의원 선거에서 쓰였고, 제4공화국과 제5공화국에서는 국회의원 지역구 선거에 중선거구제를 채택했습니다. 오스트리아, 벨기에, 덴마크, 핀란드 등에서 대선거구제를 채택하고 있습니다.

당선자를 결정하는 방법
표를 얼마나 얻어야 당선될까?

선거구당 몇 명의 대표자를 뽑을 것이냐에 따라 소선거구제, 중·대선거구제로 나누는 것처럼 선거구당 당선자가 얼마나 많은 표를 얻었느냐에 따라 소수대표제, 다수대표제로 나눌 수 있습니다. 이 두 가지는 지역을 기준으로 대표를 선출하는 지역대표제에 속해요. 이 외에 지역에 상관없이 대표를 뽑는 비례대표제와 직능대표제를 쓰기도 합니다.

소수대표제	• 한 선거구에서 많은 표를 얻은 순서대로 2명 이상의 후보자가 당선되는 제도
다수대표제	• 한 선거구에서 가장 많은 표를 얻은 후보자 1명이 당선되는 제도 • 상대 다수대표제, 절대 다수대표제
비례대표제	• 각 정당이 득표한 비율에 따라 의회의 의석을 배분, 선출하는 제도

다수대표제는 투표에서 가장 많은 표를 얻은 후보자 1명만을 당선자로 결정하는 방식으로, 주로 소선거구제와 결합하여 시행합니다. 즉 한 선거구에서 1명의 대표를 뽑는다고 할 때, 후보 중에 가장 많은 표를 얻은 한 사람만 당선되기 때문에 다수의 지지를 얻은 후보가 대표가 되는 것이죠.

다수대표제는 선거 운영이 쉽고 간편하며 주요 정당 후보자의 득표 가능성을 높여, 결과적으로 정국이 안정된다는 장점이 있습니다. 그러나 군소 정당에 소속된 후보자들이 당선되기 어렵고 사표가 많이 발생한다는 단점이 있어요.

다수대표제는 상대(단순) 다수대표제와 절대 다수대표제 중 한 가지 방식으로 운영될 수 있습니다. 상대 다수대표제는 유효 투표 중 가장 많은 표를 얻은 후보가 당선되는 방식입니다. 즉, 상대 후보보다 1표라도 많은 표를 얻은 후보가 선출되는 것이죠. 우리나라는 상대 다수대표제를 채택하고 있습니다.

절대 다수대표제는 후보가 유효 투표수의 과반수를 얻어야 당선되는 방식입니다. 절대 다수대표제는 선호투표제와 결선투표제로 나뉩니다. 선호투표제는 유권자가 1명의 후보에게만 투표하는 1후보 투표제와는 달리, 출마한 후보 모두에게 지지하는 순서대로 순위를 매겨 투표하는 제도입니다. 예를 들어 A, B, C, D, E의 다섯 후보가 출마했다면 유권자는 투표용지에 지지하는 후보의 순서대로 1번(1순위)부터 5번(5순위)을 표시합니다. 1위 기표 수로 1차 집계를 한 뒤 과반수를 얻은 후보가 나오면 당선자가 확정됩니다. 하지만 과반 득표자가 없을 경우 최하위(5위)에 해 당하는 후보를 탈락시키고, 그를 1번으로 투표한 유권자의 2번 표를 나머지 4명(1위에서 4위까지)에게 나누어 줍니다. 만약 그 표 까지 더해도 과반수 득표자가 나오지 않으면 다시 4위 득표자 의 2번 지지표를 3명(1위에서 3위까지)의 후보에게 나누어 주는 식으로 과반수 획득자가 나올 때까지 집계를 되풀이합니다. 따 라서 1차 집계에서 1, 2위가 아니었던 후보라도 2번 표를 많이 받아 과반수를 얻을 경우 최종 당선자로 확정될 수 있지요.

이처럼 선호투표제는 상대 다수대표제의 문제점을 극복하기 위해 도입되었습니다. 최다 득표자 1명을 대표로 뽑는다는 점 은 상대 다수대표제와 같지만, 더 많은 사람의 지지를 받는 한 명을 뽑기 위해 여러 개의 선호표를 유권자에게 부여한 것이죠. 결국 유권자의 최선의 뜻과 차선의 뜻을 더해 가장 많은 지지를 얻은 사람을 대표로 선택하는데, 이는 대표의 정당성을 강화한 다는 장점이 있습니다.

절대 다수대표제의 또 다른 방식인 결선투표제는 1차 투표에 서 과반수를 넘은 득표자가 없을 때 1차 선거의 1등과 2등을 상대 로 2차 선거(결선)을 해서 과반수를 획득한 1명을 선출하는 방식입니다. 즉, 선거를 2번 치르는 방식이죠.

결선투표의 사례로 2012년 실시된 프랑스의 대통령 선거를 들어 볼게요. 프랑스에서는 반드시 과반수를 득표해야 당선이 확정되는 절대다수 대표제를 채택하고 있는데, 이 선거는 1차 투표에서 과반수 득표자가 나오지 않아 2차에 걸쳐 진행되었습니다. 1차 투표는 선거에 입후보한 모든 후보자를 대상으로 치러졌으며, 2차 투표(결선 투표)는 1차 투표에서 1, 2위를 한 두 명의 후보자만을 대상으로 치러졌습니다. 그 결과 결선투표에서 사회당의 프랑수아 올랑드 후보가 51.63퍼센트를 득표하여 48.37퍼센트를 득표한 니콜라 사르코지 후보를 제치고 대통령에 당선되었습니다.

선호투표제와 결선투표제로 시행될 수 있는 절대 다수대표제는 상대 다수대표제에 비해 선거 운영이 복잡하고 비용이 많이 듭니다. 하지만 당선자의 대표성을 강화할 수 있다는 장점이 있어요.

이번에는 직능대표제입니다. **직능대표제**는 선거인단을 직업별로 분할하고, 이렇게 구성된 직능을 단위로 하여 대표자를 선출하는 제도입니다. 다양화, 전문화된 현대 사회에서는 지역이나 정당이 같아도 직업에 따라 이해관계가 다른 집단이 존재할 수 있습니다. 따라서 사회 계층이나 직업을 고려하지 않고 지역을 기준으로 대표자를 선출하는 지역대표제는 진정한 국민의 대표일 수 없다는 입장에서 직능대표제가 주장되기 시작했습니다. 한국과 EU 사이에 FTA 협정을 체결할 당시에 잘못된 번역이 많아서 소동이 일어났던 것이 그 예입니다. 그래서 대부분의 국가에서는 의회의 부족한 전문성을 보완하기 위해 직능대표제의 도입을 논의하고 있습니다.

1차 투표 득표율

소속 정당	후보	득표율(%)
사회당	프랑수아 올랑드	28.63
대중 운동 연합	니콜라 사르코지	27.18
국민 전선	마린 르펜	17.9
좌파 전선	장뤼크 멜랑숑	11.11

2차 투표 득표율

소속 정당	후보	득표율(%)
사회당	프랑수아 올랑드	51.63
대중 운동 연합	니콜라 사르코지	48.37

자, 이제 문제는 비례대표제입니다. 소선거구제에서 비례대표제가 필요하다고 했죠? 소선거구제에서는 최다 득표한 1등만 당선되고 나머지 사람들은 모두 떨어집니다. 1등만 기억하는 세

상이죠. 그래서 0.1퍼센트나 1에서 2퍼센트 차이로 접전을 기록하다가 떨어진 후보가 생기면 그가 얻은 표들은 모두 휴지 조각이 되어 하늘로 날아가 버립니다. 해당 지역 주민들의 의견이 담긴 표들이 그냥 무의미하게 버려지게 되다니, 뭔가 합당하지 못하다는 마음이 들지 않나요?

바로 이러한 선거제도의 맹점을 어느 정도 보완하기 위해 비례대표제가 쓰입니다. 쉽게 말해 비례대표 의석이 100석일 때 A당이 40퍼센트의 득표율을 보이면 40석, B당이 30퍼센트를 받으면 30석을 가져가는 방식이에요.

예를 들어 봅시다. 선거구가 모두 16개가 있고 선거 결과는 다음 표와 같습니다. 여기서 비례대표 의원은 20명이라고 가정합니다. 이 경우 의석수를 나누어 주는 방식은 기본적으로 당선자 수에 비례하거나 득표율에 비례하여 나누어 주는 방법이 있습니다.

먼저 지역구 당선자를 살펴봅시다. 1부터 8선거구까지는 A당의 후보가, 그리고 9에서 16선거구까지는 B당의 후보가 당선이 되어서 A당과 B당은 각각 8명의 당선자를 가졌습니다. 그러므로 당선자 수에 비례해서 비례대표를 나누어 준다면 A당에 10명, B당에 10명이 배정되겠죠. 하지만 이 방식은 문제가 있어 보입니다. 사표 방지 효과를 위해서 비례대표를 도입했는데 사

정당	1~8 각 선거구 후보 득표수	9~16 각 선거구 후보 득표수	지역구 당선자 수	비례대표 의석수	
				당선자 수에 비례할 경우	득표율에 비례할 경우
A	4,000	3,000	8	10	7(35%)
B	3,500	3,500	8	10	7(35%)
C	1,000	2,000	0	0	3(15%)
D	1,000	1,000	0	0	2(10%)
E	500	500	0	0	1(5%)
합계	10,000	10,000	16	20	20(100%)

표를 방지하는 효과가 전혀 없으니까요.

이번에는 득표 비율에 따라 의석수를 나누어 봅시다. A당은 양쪽을 합하면 35퍼센트니까 7명, B당도 35퍼센트니까 7명, C당은 15퍼센트니까 3명, D당은 10퍼센트니까 2명, E당은 5퍼센트니까 1명의 비례대표 의석을 가져갈 수 있습니다. C, D, E당은 지역대표는 가지지 못했으나 비례대표를 가져서 의회에 진출할 수 있게 되었네요!

그래서 비례대표제를 하면 소수당의 의회 진출이 가능해지고 사표 방지 효과가 생기며 국민의사의 왜곡을 막을 수 있다고 하는 것입니다. 하지만 투표자는 비례대표 후보를 직접 찍은 것이 아니라 지역대표를 찍었는데 이 표가 반영되는 것이므로 간접선거의 우려가 있습니다. 또 지역투표에서 무소속을 찍은 사람은 자신의 의사가 비례대표에는 반영되지 않아요. 즉 무소속 당선자의 경우는 완전 사표가 되고 맙니다. 이는 평등선거의 원칙을 깰 우려가 있습니다. 그래서 일부 사람들은 득표율에 따른 비례대표제가 헌법에 보장된 직접선거와 평등선거의 원칙을 깼다고 헌법소원을 냈습니다.

2001년 7월 19일, 헌법재판소는 현행 비례대표 국회의원 의석 배분 방식과 1인 1표제에 위헌 판결을 내렸습니다. 헌법재판소는 판결문에서 "현행 비례대표 의석 배분 방식은 선거권자가 비례대표 국회의원의 선출을 직접 결정할 수 없으므로 직접선거의 원칙에 위배된다"라고 밝혔습니다. 또, "어떤 선거권자의 투표는 지역구 의원의 선출과 그가 속한 정당의 비례대표 의원의 선출에 기여하는 2중의 가치를 지니는 데 반하여, 어떤 선거권자가 무소속 후보자에 대해 투표하는 경우 비례대표 의원의 선출에는 기여하지 못하므로, 투표 가치의 불평등이 발생하여 평등선거의 원칙에 위배된다"라며 위헌 결정을 내렸습니다.

그 결과 새로운 비례대표 방식으로 '정당명부식 비례대표제'가 등장합니다. '정당명부식'이란 개인이 아닌 정당에 표를 준다는 말입니다. 정당명부식 비례대표제는 간단합니다. 지역대표와

비례대표에 투표할 때 각각 따로 투표하는 것이 원칙이죠. 지역
선거구 후보 중 한 명을 찍고, 자신이 지지하는 정당을 또 찍습
니다. 즉, 2번 투표하는 거지요. 이것을 1인 2표제라고 합니다.

이 경우 투표장에 가면 투표용지가 두 장 있습니다. 한 장은
지역대표를 뽑기 위한 투표용지, 또 한 장은 비례대표를 뽑기
위해 당명에 찍는 투표용지이지요. 이렇게 하면 비례대표도 직
접선거를 하니까 직접선거 원칙에 위반되지 않고, 지역선거에
서 무소속을 찍은 사람의 표도 비례대표에는 반영되니까 평등
선거 원칙에도 위반되지 않지요. 그래서 우리나라는 2004년

제17대 총선부터는 1인 2표제로, 후보 투표와 정당 투표를 따로 하고 있습니다. 이것이 정당명부식 비례대표제입니다.

좋은 사례가 있습니다. 제17대 총선에서 민주노동당의 경우 지역구에서 2석밖에 얻지 못했으나, 정당 투표에서 13퍼센트를 얻어 비례대표 의석 8석을 가져가 총 10석을 확보했지요. 민주당은 지역구에서는 5석을 얻었으나, 정당 투표에서 7.1퍼센트에 그쳐 비례대표 4석을 가져가 총 9석으로 전체 의석수에서 민주노동당에 밀렸습니다.

비례대표제는 투표자들의 당 선호도를 적극적으로 반영하는 제도입니다. 따라서 정당은 일정 득표율만 차지하면 의석 유지가 가능하니 군소 정당이 여럿 생겨날 수 있지요. 사람들은 이런 특징을 군소 정당의 난립이라며 문제점이라고 지적하는데, 이는 군소 정당으로 시작한 독일의 나치당이 비례대표제로 의석을 유지하고 후에 정권을 차지한 시대적 기억 때문입니다. 이에 대한 견제 장치로 비례대표제는 봉쇄조항을 두어 단순히 득표했다고 의석을 받는 게 아니라 특정 기준을 두어서 의석을 받게 합니다. 현재 우리나라는 지역구 의석을 5석 이상 가지거나, 비례대표 투표에서 득표율 3퍼센트 이상을 얻어야만 비례대표 의석을 받을 수 있습니다. 즉 지역구 의석을 4석 가지고 비례대표 투표에 2퍼센트를 득표한 정당은 비례대표 의석을 받지 못합니다. 또한 한 정당이 비례대표 의석의 3분의 2 이상을 가져가지 못합니다.

배석받는 의석수는 전체 의석수를 기준으로 득표율만큼 주어집니다. 예를 들어 8퍼센트를 득표했고 비례대표 의석수가 50석이면 0.08×50=4로 4석을 가지게 됩니다. 그러나 보통은 의석수가 소수 자리까지 나오지요. 따라서 먼저 정수 자리에 따라 의석이 확정되고 남은 의석은 소수의 큰 순서대로 배정받습니다.

예를 들어 30석의 의석이 있고 A당이 10.3석, B당이 9.2석, C당이 9.1석을 획득했다고 합시다. 정수에 따라서 A당에 10석, B당에 9석, C당에 9석이 배분되면 2석이 남습니다. 소수가 큰 순서인 A당(0.3)과 B당(0.2)에게 1석씩 줍니다. 최종적으로 A당이 11석, B당이 10석, C당이 9석을 가져갑니다.

여러 선거제도는 모두 의미 있는 제도이지만 세상에 완벽한 제도란 없습니다. 시민들의 공감대를 얻지 못하거나 사회 환경에 맞지 않는 제도는 아무리 합리적인 제도일지라도, 자기 몸에 맞지 않는 옷과 같습니다. 그러므로 하나의 제도를 변화시키기 위해서는 사회에 대한 분석과 함께 꾸준한 설득과 합의가 필요하며, 시민 의식의 성장이 기틀이 되어야 합니다.

선거제도의 변화
우리나라 선거제도는 어떻게 달라졌을까?

앞에서 살펴보았듯이, 현재 우리나라는 지역구 소선거구 제도와 전국구 비례대표 제도를 혼합한 형태를 채택하고 있습니다. 소선거구제에서는 단순 다수대표제를 원칙으로 하고, 전국구에서는 정당명부식 투표를 통해 정당 득표 비율에 따라 당선인의 수를 결정하고 배분합니다. 소선거구는 하나의 선거구에서 한 명의 국회의원을 선출한다는 것을 뜻하고, 단순 다수는 과반수 표를 얻지 못해도 상대적으로 많은 표를 얻은 후보가 선출된다는 것을 의미합니다. 정당별 비례대표 국회의원은 각 당에서 사전에 우선순위를 정한 명단에 따라 정해집니다.

현행 제도는 민주화 항쟁으로 확립된 1987년 체제의 일부로, 그리 오래되지 않았습니다. 1대부터 8대 국회의원 선거에서는 소선거구제를 채택하였고, 유신헌법 개정과 함께 중선거구제로 바뀌어 전두환 정권 시절까지 이어졌습니다. 1987년 6월 민주항쟁의 결과인 직선제 개헌과 함께 다시 소선거구제로 돌아오면서 비례대표제를 같이 쓰는 형태가 채택되었습니다.

1948년 제헌의회 선거 이래로 여러 형태의 선거제도가 도입되고 실험되었으나, 의회 자체가 독재 정권의 권력 안정화를 위한 수단으로 이용되면서 그 의미는 빛을 바랬습니다. 민주주의 원칙에 맞는 선거제도를 찾아 정착시키는 과정이 되지 못하고, 오히려 국민의 뜻을 왜곡해 집권세력의 권력을 강화하는 수단이 되어 왔죠. 유신헌법에 따라 출범한 제4공화국에서는 전국구 선거제도를 폐지하고 중선거구제를 도입하면서, 국회의원 정수의 3분의 1을 통일주체국민회의에서 간접선거로 선출했습니다. 통일주체국민회의는 국민대의원으로 구성된 헌법기구로서 대통령을 선출하는 역할도 맡았었는데, 기본적으로 독재 정권의 거수기였습니다. 또한 선거구 획정과 관련해 지역구의 기준 인구수 조항을 삭제해서 집권 공화당에 유리하게 지역구를 획정할 수 있도록 만들었지요.

이후 전두환 대통령의 5공화국이 들어서면서 지역구와 전국구 제도를 함께 사용했지만 이 또한 독재 권력을 강화하는 도구로 사용되었습니다. 전체 의석의 3분의 1을 전국구에 배정하고, 전국구 의석의 배분은 최다 의석을 얻은 정당이 3분의 2를 차지하고 나머지 3분의 1은 여타 정당이 의석수 비율대로 갖도록 했습니다.

이 원칙에 따라 치러진 제11대 국회의원 선거 결과는 지역구에서 민주정의당이 35.8퍼센트 득표율로 90석, 민주한국당이 21.6퍼센트로 57석, 한국국민당이 10.3퍼센트로 7석을 차지했습니다. 전국구 의석은 제1당인 민주정의당에 전체 의석수의 3분의 2인 61석이 돌아갔고, 민주한국당과 한국국민당에게 각각 24석과 7석이 배분되었습니다. 전두환 정권의 민주정의당이 얻은 지역구 득표율은 35.8퍼센트이지만, 실제 차지한 의석수는 전체의 54.7퍼센트였던 것이죠. 1985년에 치러진 제12대 국회의원 선거에서도 결과는 제11대 총선과 비슷했습니다. 민주정의당이 지역구에서 35.3퍼센트 득표율로 전체 의석의 53.6퍼센트를 차지한 것이죠.

1987년, 선거제도는 앞에서 말한 대로 지역구 소선거구 제도와 전국구 비례대표 제도를 혼합한 형태로 변경되었습니다. 소선거구제로 바뀌면서 총의석이 276개에서 299개로 늘어났고, 전국구 의석수는 지역구의 3분의 1, 즉 전체 의석의 4분의 1로 정해졌습니다. 비민주적인 전국구 의석 배분 원칙이 개선되긴 했지만, 여전히 의석률 기준 비례대표 의석 배분 원칙이 유지되었습니다. 다만 제1당에 3분의 2를 배정하던 것을 세분화했습니다. 지역구에서 1위를 차지한 정당이 지역구 의석의 2분의 1 미만을 차지했을 경우, 제1당에 전국구 의석의 2분의 1만 배정하도록 개정했죠.

이 원칙에 따라 처음 치러진 제13대 총선에서는 민주정의당이 35.3퍼센트의 득표율로 125석을 얻는 데 그쳤습니다. 이는 의석 점유율 41.8퍼센트로, 이전의 총선 결과와 비교하면 득표율에 상당히 가까운 수치였죠. 이 총선에서 김대중이 이끄는 평화민주당과 김영삼의 통일민주당이 합계 130석을 얻으며 과반수에는 미치지 못했지만 민주정의당보다 많은 의석을 차지함으로써 정국을 주도할 수 있었습니다.

이후 제14대 총선에서는 전국구 의석을 완전히 의석률에 따라 배분하기로 하고, 지역구에서 의석을 못 얻었어도 유효 득표율이 3퍼센트가 넘으면 전국구 의석 하나를 군소 정당에 우선 배정하도록 정했습니다. 1996년에는 전국구 의석을 배분하는 방식을 의석률에서 득표율 기준으로 변경했습니다. 선거제도는 2001년에 또 한 차례의 큰 변화의 계기를 맞습니다. 헌법재판소에서 당시의 선거제도가 정당명부 비례대표제를 도입하고 있음에도 정당에 대해 별도로 투표권을 인정하지 않고 지역구 득표율로 비례대표제 의석을 배분하는 것은 위헌이라고 판결한 것이지요. 이를 계기로 오랫동안 고수되어 왔던 1인 1표제가 현행 1인 2표제로 변경되었습니다. 이로써 한 표는 소선거구의 개인 후보에게, 다른 한 표는 정당에게 투표해 지역구 후보와 정당명부식 비례대표제 후보를 각각 결정하도록 했습니다.

공정선거를 위한 제도
선거구는 어떻게 나눌까?

선거구 획정이란 소선거구제에서 선거구를 나누는 작업을 말합니다. '그냥 지역별로 나누면 되지 않을까?'라고 간단히 생각할 수 있지만, 실제로는 많은 갈등이 일어나는 과정입니다. 한 지역이라도 어떤 식으로 나누느냐에 따라 선거의 결과가 천차만별이기 때문입니다. 아래 예시를 살펴볼까요?

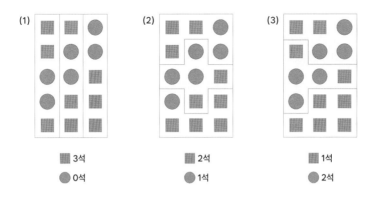

15개 구역이 있고, 각각의 구역에서 지지하는 정당은 모양과 색깔로 구분합니다. 이곳을 3개의 선거구로 나눈다고 했을 때, 어떤 구역끼리 묶느냐에 따라 선거의 결과는 완전히 달라집니다.

(1)로 나누면 네모 정당이 3개의 의석을 가져가고, (2)와 같은 모양이면 네모 2석, 동그라미 1석, (3)과 같은 모양이면 네모 1석, 동그라미 2석을 가져갑니다. 네모 정당은 당연히 (1)과 같은 방식을 원할 것이고, 동그라미 정당은 (3)의 방식을 주장할 겁니다. 획정 과정에서 합의를 거치지 않는다면 끝을 알 수 없는 논쟁이 벌어지겠죠.

이러한 선거구 분할의 마법은 이미 200년 전 미국에서 시작되었습니다. 엘브릿지 게리Elbridge Gerry 라는 메사추세츠 주지사는 본인 정당 입맛에 맞추기 위해 선거구 분할에서 무리수를 두었는데요. 선거구는 말 그대로 뒤죽박죽이 되었습니다. 그렇게 만들어진 선거구의 모양이 샐러맨더salamander라는 전설 속의 괴물과 비슷하여 '게리맨더'라고 불렀습니다. 이후 특정인이 정치적인 목적으로 선거구를 마음대로 정하는 것을 게리맨더링 Gerrymandering이라고 부르게 되었죠.

이러한 게리맨더링의 폐해를 방지하기 위해 선거구를 국회에서 법률로 정하는 것이 선거구 법정주의입니다. 우리나라도 국회에 '선거구 획정 위원회'를 두고 법률에 근거하여 선거구를 정하고 있습니다.

선거구는 행정구역, 인구 균형, 지리적 여건 등을 고려하여 획정됩니다. 특히 선거인 수와 의석수의 비율이 균형을 이루어야 하지요. 만약 인구가 100명인 갑 선거구와 1,000명인 을 선거구에서 국회의원이 1명씩 선출된다면 갑 선거구의 1표의 가치가 을 선거구의 10표에 해당합니다. 이는 유권자의 1표는 모두 동등한 가치를 지녀야 하는 **표의 등가성 원리**에 위배되지요.

예를 들어 A, B, C, D 지역에 아래와 같이 인구가 분포되어 있다고 가정해 봅시다. 이때 각각의 지역을 하나의 선거구로 획정한다면 네 지역의 유권자들이 행사하는 표는 동등한 가치를 갖지 못합니다.

지역	인구수	선거구 획정
A	35만 명	A갑 / A을
B	15만 명	B
C	9만 명	C+D
D	4만 명	

그래서 A지역을 두 선거구로 나누어 획정하고, C지역과 D지역을 하나의 선거구로 획정해야 합니다. 이렇게 선거구가 획정되면, 유권자들의 표는 대체로 고른 가치를 가집니다.

또한 선거구를 획정할 때에는 지역 대표성을 감안해야 할 경우도 있습니다. 자치단체의 독립성, 같은 지역의 특성, 산·강·바다의 면적과 지형, 교통, 도서 지역의 특수성, 시·군·구 등의 행정단위를 고려하는 것도 필요하기 때문입니다.

우리나라는 인구의 상한선인 28만 명과 하한선인 14만 명을 기준으로, 28만 명이 넘으면 갑, 을로 나누고 14만 명이 안 되면 인접한 지역과 합쳐서 한 선거구로 정합니다. 그래서 거주 인구가 28만 명이 넘는 서울 대부분의 구는 보통 강동 갑, 강동 을, 노원 갑, 노원 을 등으로 나뉩니다. 하지만 거주 인구가 적은 전남 목포나 순천 등은 갑과 을의 구분 없이 하나의 단위로 선거가 치러집니다.

다음은 선거공영제에 대해 알아봅시다. 대한민국의 헌법 제116조에는 "선거운동은 각급 선거관리위원회의 관리하에 법률이 정하는 범위 안에서 하되, 균등한 기회가 보장되어야 한다. 선거에 관한 경비는 법률이 정하는 경우를 제외하고는 정당 또는 후보자에게 부담시킬 수 없다"라고 명시되어 있습니다. 즉, 선거에 출마한 일정 요건을 갖춘 정당 또는 후보자에게 선거비용의 일부를 되돌려 주는 것입니다. 이것을 선거공영제라고 하지요.

현재 우리나라 선거공영제는 후보자가 지출한 선거비용 총액 중 일정 비율을 보전하는 것으로 정해져 있습니다. 보전 비용은

선거비용 **전액 보전**	선거비용 **절반 보전**	선거비용 보전 없음
득표율 15% 이상	득표율 10~15%	득표율 10% 미만

선거운동을 위해서 정당하게 지출한 비용만을 보전하며 그 범위는 공고한 선거비용 제한액의 범위에서 보전합니다. 대통령 선거와 국회의원 선거의 비용은 국가의 예산으로, 지방자치단체의 지방의원 및 그 장의 선거는 지방자치단체의 예산으로 보전하지요.

하지만 후보자 모두가 선거비용을 보전받는것은 아닙니다. 중앙선관위는 후보자가 당선되거나 유효 투표수의 15퍼센트 이상을 득표했을 때 제한액 범위 안에서 사용한 선거비용 전액을 보전해 줍니다. 득표율이 10에서 15퍼센트 미만이면 절반을 보전해 주고요. 선거는 '국가 책임'으로 치른다는 선거공영제에 따른 원칙입니다. 단 득표율이 10퍼센트 미만이면 한 푼도 돌려받을 수 없습니다.

선거의 공정성 확보를 위한 다른 방안으로는 정당 추천 위원제가 있습니다. 정당은 선거관리위원회에 위원을 추천할 수 있고, 시·군·구 정당 추천 위원은 선거 공고일부터 개표가 끝날

때까지 선거관리위원회에 상근하면서 선거 관리 업무를 처리할 수 있습니다. 대리인 입회제도 있습니다. 투표용지의 인쇄·송부 과정에 정당·후보자 대리인이 입회하여 확인하는 것이죠. 선거 방송 심의제도도 빠질 수 없습니다. 선거 방송 심의위원회는 선거 방송의 정치적 중립성·형평성·객관성 등을 보장하기 위해 필요한 사항을 정하며, 선거 방송의 공정성 여부를 조사하고 불공정하다고 인정되는 경우에는 시정과 제재 조치를 취할 수 있습니다.

지금까지 알아본 선거제도가 우리나라에서는 어떻게 적용되고 있는지 정리해 봅시다.

선거 종류		선출 직명	임기	연임 여부	선출 방식	
					정당 공천	선거 방법
대통령 선거		대통령	5년	불가능	허용	·상대 다수대표제 ·전국이 하나의 선거구
국회의원 선거	지역구 국회의원 (지역대표)	국회의원	4년	가능	허용	·상대 다수대표제 ·소선거구제
	전국구 국회의원 (비례대표)					·정당 명부식 투표제 ·비례대표제
지방 자치 단체장	광역 자치 단체장	특별시장, 광역시장, 도지사	4년	가능 (3선)	허용	·상대 다수대표제 ·선거구: 광역 행정단위
	기초 자치 단체장	시장, 군수, 구청장				·상대 다수대표제 ·선거구: 기초 행정단위
지방의회 의원 선거	광역 의원	지역 대표	특별시 /광역시 /도의회 의원	4년	가능	허용	·상대 다수대표제 ·소선거구제
		광역 비례 대표					·광역 단위 정당 투표 득표율 기준
	기초 의원	지역 대표	자치구 /시/군 의회 의원				·중선거구제
		광역 비례 대표					·기초 행정 단위별 정당 투표 득표율 기준
특별 자치제 선거	교육감	교육감	4년	가능	허용	·상대 다수대표제 ·선거구: 광역 행정단위
	교육의원 선거 (지역대표)	교육의원				·소선거구제

세계 이색 선거제도
투표를 안 하면 벌금을 낸다고?

앞에서 말한 선거의 4대 원칙을 기억하나요? 보통선거, 직접선거, 평등선거, 비밀선거 말입니다. 이 원칙을 생각하면서 세계의 독특한 선거제도에 대해 알아봅시다.

사우디아라비아는 2015년까지 남성만 선거가 가능한 제한선거를 해왔습니다. 다른 중동 국가들이 여성 참정권을 인정할 때도 "여성의 월경이 정치적 판단을 흐리게 한다"라는 이유를 내세우며 거부했습니다.

그러다가 2005년 압둘라 국왕이 즉위하면서 비로소 여성에게도 '신분증'이 부여되었습니다. 그동안은 신분증도 없었지요. 또 하나의 획기적인 사건! 2011년 압둘라 국왕은 "이슬람 역사에서 여성은 중요한 역할을 해왔다. 2015년부터 여성 참정권을 보장하겠다"라고 선언했습니다. 하지만 주요 종교·사회 지도자들이 여성 참정권을 반대하며 방해 작전이 펼쳐졌습니다.

드디어 2015년 12월 12일 지방의원 선거. 만 18세 이상 여성 중 2.2퍼센트인 13만 637명만 유권자로 등록했는데요. 그 이유는 남편이나 아버지 허락 없이 유권자 등록이 힘든 시스템 때문입니다. 게다가 여성 유권자 등록 장소가 남자보다 현격히 적고 외진 곳에 설치되어 있어, 갈 수 없었던 거죠. 현재도 사우디아라비아는 여성에게 운전이 금지되어 있습니다.

여성 후보는 유세조차 할 수 없었을 뿐만 아니라, 종교·사회적으로 여성 유권자에게 험악한 분위기 속에서 치러졌던 선거. 그 절망적인 상황에서 당선자 2,106명 중 여성은 무려 20명이었습니다. 게다가 여성 투표율은 82퍼센트(전체 투표율은 47퍼센트)를 기록했다고 합니다.

또 다른 나라를 살펴볼까요? 누구나 평등하게 투표권은 1표씩 갖습니다. 하지만 네덜란드는 조금 다릅니다. 네덜란드는 투표권을 위임할 수 있는 대리인투표권 제도가 있거든요. 대리인투표권은 1명이 최대 2명까지 위임을 받을 수 있고, 투표권을 위임받을 때 후보자 선택권까지 모두 넘겨받습니다. 그래서 상황에 따라 본인 표를 포함해서 최대 3표까지 행사할 수 있죠. 선거의 4대 원칙 중 하나인 평등선거에 위배되는 대리인투표! 네덜란드는 유권자들이 기권하지 않고, 더 많이 선거에 참여하며 관심을 가질 수 있도록 대리인투표 제도를 만들었다고 합니다.

필리핀에서는 손톱만 보면 투표 여부를 알 수 있습니다. 투표 마지막 과정에서 잘 지워지지 않는 파란 잉크를 손톱에 묻히는데요, 그 이유는 중복 투표를 막기 위해서입니다. 또 필리핀은 선거 당일과 다음 날에 주류 판매를 금지합니다.

정치에 관심을 높이기 위한 선거제도로, 직접 지지하는 후보 이름을 적는 자서식 투표도 있습니다. 일본에서 실행되고 있는데요. 문맹률이 낮은 나라에서만 할 수 있는 선거제도죠. 간편하게 도장을 찍는 대신 이름을 써야 하니, 후보자는 자신의 이름을 알리기 위해 더 열심히 유세하고, 유권자도 더 관심을 두고 정책을 살펴본다고 합니다.

제19대 국회의원 선거 때 뜨거운 감자였던 온라인 투표. 세계에서 첫 번째로 온라인 투표를 한 나라는 에스토니아입니다. 1991년 구소련에서 독립한 에스토니아는 2002년 세계 최초로 국민에게 전자 신분증을 발급했기에, 2005년 10월에 치러진 지방선거에서 온라인 투표를 순조롭게 할 수 있었습니다.

호주는 투표율이 1925년부터 지금까지 90퍼센트 이하로 떨어져 본 적이 없습니다. 이곳에서 투표는 권리가 아니라 의무이기 때문인데요. 정당한 사유 없이 투표권을 행사하지 않은 이는 벌금 20달러를 내야 합니다. 이를 행하지 않으면 재판을 받는데,

여기서 지면 벌금 180달러와 전과 기록을 갖게 됩니다. 정말 피하기 어려운 사유가 있는 사람을 빼고는 모두 투표를 할 수밖에 없을 것 같지요?

호주 외에도 의무투표제를 시행하는 나라는 22개국에 이릅니다. 대표적 제재인 벌금을 부과하는 나라는 벨기에, 룩셈부르크, 이집트(남성만 의무), 싱가포르, 필리핀, 아르헨티나 등이 있습니다. 벌금 말고 다른 제재를 받기도 하는데요. 베네수엘라는 벌금은 없지만, 해외여행과 은행에서 돈을 빌리는 일이 금지됩니다. 아르헨티나는 벌금에다가 3년간 공지, 공무 취임이 금지되고요. 이탈리아는 자녀가 보육원에 입학 신청을 낼 때, 허가되지 않는 사회적 제재를 받습니다. 마지막으로 볼리비아는 3개

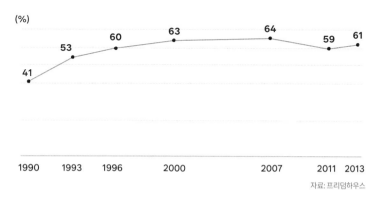

선거 민주주의를 시행하는 전 세계 국가 비율

(%)

41 (1990)
53 (1993)
60 (1996)
63 (2000)
64 (2007)
59 (2011)
61 (2013)

1990 1993 1996 2000 2007 2011 2013

자료: 프리덤하우스

월 동안 은행 통장에서 월급을 뽑아 쓸 수 없습니다.

모든 국가에서 민주적 선거를 시행하고 있지는 않습니다. 전 세계 민주주의와 언론 자유를 위해 활동하는 국제 인권단체인 프리덤하우스가 조사한 선거 민주주의 시행 국가 비율은 2007년에 64퍼센트로 가장 높았다가 조금씩 떨어져 2013년에는 61퍼센트로 떨어졌습니다. 많은 분들의 희생으로 얻어진 우리의 선거 민주주의, 앞으로 잘 보존하고 가꾸어 나가야 하겠지요?

선호투표제로 당선자를 뽑는다면?

선호투표제는 유권자들에게 선호도가 다른 2표(혹은 그 이상)를 주고, 선호도에 따라 투표를 하게 한 후, 선호도를 합산해 절대 다수제의 원칙을 충족시키는 1명의 당선자를 선출하는 제도입니다.

좋아하는 가수들을 후보자라고 가정하고 선호투표제를 치러보면 어떨까요? 유권자들에게 각각 2표를 주고 선거를 치른 결과가 아래와 같이 나왔다고 해봅시다.

유권자	제1선호	제2선호
1	뉴진스	엑소
2	방탄소년단	뉴진스
3	뉴진스	방탄소년단
4	엑소	방탄소년단(②)
5	뉴진스	트와이스
6	엑소	뉴진스(②)
7	방탄소년단	뉴진스
8	트와이스	뉴진스(①)
9	방탄소년단	엑소

종합해 보면 뉴진스가 3표, 방탄소년단이 3표, 엑소가 2표, 트와이스가 1표를 얻었습니다. 그런데 과반수 득표를 한 후보가 아무도 없죠? 이럴 때에는 가장 적은 득표를 한 트와이스를 탈락시킵니다. 그리고 트와이스를 제1선호로 지지한 유권자들이 투표한 제2선호를 각각의 후보의 제1선호에 합산하여 계산합니다. 이때 트와이스를 지지한 1명의 유권자가 제2선호로 지지한 후보는 뉴진스입니다.(①) 그러면 뉴진스의 제1선호에 1표를 더하게 됩니다. 결국 뉴진스는 4(4+1)표가 되고 방탄소년단은 3표, 엑소는 2표가 되죠.

　　그런데 여전히 과반수를 득표한 후보는 없습니다. 이 경우에는 앞에서 한 방법과 같이, 엑소를 탈락시킵니다. 그리고 제1선호로 엑소를 지지한 유권자들이 투표한 제2선호를 각각 후보의 제1선호에 합산하여 계산합니다. 이때 엑소를 지지한 2명의 유권자는 각각 방탄소년단과 뉴진스를 제2선호로 지지했습니다.(②) 결국 뉴진스는 5(4+1)표가 되고 방탄소년단은 4(3+1)표가 됩니다. 이로써 과반수의 득표를 한 뉴진스가 대표자로 당선됩니다.

4장

세상을 바꾸는,
투표

투표권과 기표 도구
탄피로 투표를 했다고?

우리나라는 국민이 국가의 정치에 참여할 수 있는 권리인 참정권을 최고법인 헌법에서 보장하고 있습니다. 참정권이란 좁은 의미로는 선거권과 피선거권만을 말합니다.

그럼 '선거권'은 무엇일까요? 선거권은 용어 그대로 국민이 선거에 참여할 수 있는 권리입니다. 그럼 '유권자'는요? 바로 선거할 권리를 가진 사람을 뜻합니다. 그렇다면 선거권을 행사하지 않는 것, 다시 말해 투표를 하지 않으면 어떻게 될까요? 우리나라는 선거인 자유에 맡기는 자유투표제이기 때문에 투표를 하지 않는다고 벌금을 물거나 처벌받지는 않습니다.

하지만 호주나 벨기에, 스위스 등 여러 나라에서는 의무투표제를 시행하고 있습니다. 의무투표제에서는 '투표가 권리일 뿐 아니라 의무'라는 취지에서 투표 불참자에게 일정한 벌칙이나 불이익을 부과합니다. 의무투표제는 정당한 이유 없이 기권하는 사람에게 법률적 제재를 가해 강제적으로 투표하게 한다는 의미에서 '강제투표'라고도 합니다. 따라서 강제투표를 실시하는 국가에서는 기권자에 벌금, 투표권 박탈 등의 벌칙을 부과하거나 공공서비스 이용을 제한하는 등의 방법으로 제재를 가합니다.

투표용지에 사용하는 기표 도구는 반드시 정해진 것만 써야 합니다. 정해진 기표 도구가 아닌 것으로 기표하면 무효표가 되기 때문입니다.

"기표 도구는 구멍이 크고 확실한 붓대, 탄피 등을 쓰되, 필터, 솜 등으로 막혀 무효표가 생기는 일이 없도록 할 것." 이 문장은 1967년 국회의원 선거에 선거를 총괄하는 중앙선거관리위원회에서 지시한 내용입니다. 당시에는 명확히 정해진 도구가 없어 붓대, 탄피 등과 같은 속이 비어 있는 원형 모양(○)의 도구로 기표를 했습니다. 그런데 원형(○)의 기표 표시는 투표용지를 접으면서 다른 곳에 인주가 묻으면 누구를 찍었는지 알 수 없는 문제가 생겨서 원형 안에 다른 모양을 넣은 새로운 기표 도구와 방식들이 나오기 시작했습니다.

1992년 제14대 대통령 선거에 '○' 안에 사람 인(人) 자의 표식이 들어가게 되었습니다(⍣). 하지만 사람 인(人) 자가 들어간 기표 도구도 대칭 모양이라서 접힌 투표용지의 반대편에 인주가 묻으면 누구에게 투표했는지 알기 어려웠습니다.

1994년부터는 사람 인(人) 자 대신 점 복(卜) 자가 사용된 기표 도구가 지금까지 사용되고 있습니다. 한자로 '복(卜)' 자는 '점치다'의 의미를 갖고 있으며, 종이에 대칭으로 찍혔을 때 어느 쪽에 찍은 것인지 구분할 수 있습니다. 즉, 무효표를 최대한으로 줄일 수 있는 한자입니다. 하지만 첨단 기술이 도입된 지금에도 무효표가 많이 발생하고 있고, 무효표를 줄이기 위해 기표 용구는 지속적으로 발전하고 있습니다. 현재는 붉은 인주를 찍지 않아도 되는 만년도장 형태의 기표 도구가 쓰이고 있습니다.

선거의 종류
선거를 다시 한다고?

우리나라에는 크게 세 가지 선거가 있습니다. 4년에 한 번씩 치르는 지방선거와 국회의원 선거, 5년마다 열리는 대통령 선거가 있죠. 그런데 선거에서 선출된 의원들의 임기와 임기의 시작 연도가 서로 다르기 때문에 한 해 건너 전국적인 선거를 치르기도 합니다. 그리고 국회의원 또는 지방자치단체의 장이나 의원이 자격을 잃어 실시되는 일부 지역의 보궐선거를 해마다 치릅니다.

여러 선거 중에서도 우리나라에서는 대통령 선거가 제일 중요합니다. 대통령이라고 무슨 일이든 할 수 있는 것은 아니지만, 대통령으로 당선된 사람이 정책과 비전을 실현할 수 있도록 가장 큰 권한을 부여하기 때문이에요. 대통령이 바뀌면 기존의 정부 정책이 바뀌고, 국무총리나 장관뿐만 아니라 여러 공공기관의 수많은 사람이 바뀝니다. 대통령이 속한 정당인 여당도 달라지고요. 또한 현행 헌법은 대통령의 임기를 5년 단임제로 하고 있기 때문에 5년마다 대통령이 바뀝니다. 대통령 선거는 다른 후보들 중에서 최고 득표자를 선출하는 상대 다수대표제를 채택하고 있습니다.

그다음으로 중요한 선거가 국회의원 선거입니다. 대통령제 국가에서 국회의원 선거는 국회의원의 임기가 만료되거나 재임 중인 의원이 사망 또는 사임할 때 실시합니다. 국회는 대통령의 막강한 권한을 견제하고 감시할 수 있는 권한을 갖고 있죠. 여당과 야당 중에서 어느 쪽이 많은 의석을 차지하느냐에 따라 정국의 향방에 엄청난 영향을 끼치게 됩니다. 여당이 다수당이 되면 대통령은 임기 동안 힘을 갖고 정책을 법안으로 만들어 추진할 수 있고, 야당이 다수당이 되면 대통령과 여당은 힘을 잃게 됩니다.

우리나라 국회의원은 300명으로 정해져 있습니다. 대통령과 달리 국회의원은 선거에 나와 계속 당선되면 횟수에 제한 없이 국회의원으로 일할 수 있어요. 또 국회의원이 다음 선거에 나와 떨어지더라도 그다음 선거에 출마할 수 있어요. 우리나라 국회의원의 임기 제도는 4년 중임제이기 때문입니다. 이렇게 여러 번 당선된 국회의원을 부를 때는 당선된 횟수를 넣어 표현하기도 해요. 예를 들어 국회의원에 3번 당선되었다면 '3선 의원'이라고 부르지요. 처음 당선된 국회의원은 한자로 처음이란 뜻을 지닌 '초初' 자를 넣어 '초선 의원'이라고 해요.

국회의원을 뽑는 방식은 두 가지가 있습니다. 첫째는 지역구 선거입니다. 지역 선거구, 즉 여러분이 살고 있는 동네에 후보들이 나와서 기호 1번이다 2번이다 외치며 선거운동하고 당선되는 모습을 떠올려 보세요. 그렇게 지역 선거구에 나온 후보에게 투표하는 것을 지역구 선거라고 합니다. 둘째는 비례대표 선거로, 지역구에 나온 후보와는 상관없이 자신이 지지하는 정당에 투표하는 것입니다. 지역구 선거는 선거구별로 최고 득표자 1인을 당선인으로 선출하는 상대 다수대표제를 채택하고 있습니다. 그리고 지역구에서 1인을 선출하는 소선거구제를 채택하고 있어요. 이와 달리 비례대표를 선출하는 선거는 정당 명부식 비례대표제를 채택하고 있습니다. 정당별 득표수에 비례하여 국회의원이나 지방의원을 선출함으로써 전문성을 갖춘 인재를 등용시킬 수 있는 제도입니다.

지방선거란 서울특별시를 비롯해 광역시인 부산, 인천, 대전, 대구, 광주, 울산 그리고 경기도, 강원도, 충청남북도, 전라남북도, 경상남북도, 제주도의 장들과 시의원들, 더불어 더 작은 단위의 시, 군, 구의 기초의회의 의원들을 총망라해 선출하는 선거를 말합니다. 지방선거는 지역별로 당면한 과제를 점검해 여럿이 의논하는 대상으로 만들고 그 과제를 가장 잘 해결할 사람을 선택하는 행사이자, 유권자들이 자기 지역의 문제에 관심을 갖고 대안을 모색하는 기회이기도 합니다. 지방자치가 제대로 이루어지려면 지방선거가 제 기능을 발휘해야 하겠지요.

이번에는 재선거와 보궐선거에 대해 알아봅시다. 재선거와 보궐선거는 선거로 뽑은 대통령과 국회의원, 지방자치단체의 단체장과 지방의회 의원 등의 자리가 비었을 때 이들을 다시 뽑기 위해 실시하는 선거예요. 재선거나 보궐선거 모두 선거를 다시 치른다는 점은 같지만, 그 내용은 많이 달라요.

보궐선거란 선거법에 어긋나지 않게 당선된 국회의원이 그 역할을 수행하고 있던 중에 죽거나 사퇴해서 또는 어떤 잘못을 저질러 새로운 사람을 뽑는 것이에요. 이와 달리 재선거는 선거 자체에 문제가 있거나 당선자가 없을 때 다시 한 번 치르는 선거입니다.

재선거를 치르는 데는 여러 가지 이유가 있답니다. 우선 선거운동을 하다가 잘못을 저질러 당선이 취소되는 경우가 있어요. 또 국회의원 임기가 시작되기 전에 당선자가 사망해도 재선거를 치릅니다. 임기가 시작되기 전이면 아직 공식적으로 국회의원이 된 것이 아니니까요. 선거 자체가 무효가 되어도 재선거를 하지요. 만약 투표 진행 과정이나 개표 과정에 문제가 발생하면, 선거를 다시 치를 수밖에 없어요. 잘못된 방식으로 치러진 선거 결과는 인정할 수 없기 때문입니다.

　재선거와 보궐선거는 빈자리가 생겼다고 아무 때나 실시하지는 않아요. 정기적으로 치르는 선거처럼 충분한 준비 기간을 거쳐 4월과 10월, 한 해에 두 번 실시합니다.

선거에 출마하는 방법
누가 후보가 될 수 있을까?

오늘날에는 언론에 정치인들의 잘잘못이 철저히 드러나고 있어 정치인은 우리에게 그다지 호감을 주는 존재가 아닙니다. 하지만 우리의 삶에서 정치는 대단히 중요하죠. 누군가는 그 중요한 일을 맡아야 합니다.

그런데 정치인은 특정한 곳에서 정치를 배워서 할 수 있는 직업이 아닙니다. 대학에 정치학과가 있지만 그곳은 정치인이 되기 위한 훈련을 하는 곳이 아니라 정치학을 공부하는 곳입니다. 정치학을 공부하지 않았더라도 25세 이상의 우리나라 사람은 누구나 국회의원, 지방의회 의원 및 지방자치단체장 선거에 후보로 나설 수 있습니다. 대통령 선거에 후보로 출마하기 위해서는 40세 이상이어야 합니다. 어떤 직업을 가졌든, 재산이 얼마든, 학벌이 어떻든 상관없습니다. 헌법에서 정한 몇 가지 조건

만 갖춘다면 대통령 선거에 후보로 등록할 수 있어요.

"대통령으로 선거될 수 있는 자는 국회의원의 피선거권이 있고 선거일 현재 40세에 달하여야 한다.(헌법 제67조 제4항)" 우선 나이가 만 40세를 넘어야 한다는 건, 대통령으로서 나라의 살림을 책임지려면 그만큼 경험이 쌓여야 한다는 뜻입니다. 더불어 대통령 후보가 되기 위해서는 몇 가지 조건을 더 만족해야 해요. 대통령은 한 나라의 운명을 맨 앞에서 짊어지는 중요한 자리이니까요.

첫 번째, 금치산자는 후보로 나서지 못해요. 금치산자란 법원으로부터 자기 행동의 결과에 대한 판단 능력이 없다고 판정받아, 자기 재산의 관리와 처분을 금지하는 선고를 받은 사람이에요.

두 번째, 이전에 불법 선거를 저질러 피선거권을 회복하지 않은 사람도 출마할 수 없어요. 또 법원의 판결에 따라 선거권이나 피선거권을 잃었거나 정지된 사람, 교도소에 갇혀 금고 이상의 죗값을 치러야 하는 사람도 출마할 수 없지요.

마지막 조건은 5년 이상 우리나라에서 살고 있어야 한다는 거예요. 이 모든 조건을 갖췄다면 대통령 선거에 입후보할 수 있고, 그렇지 않다면 아무리 능력이 뛰어나도 후보로 나설 수 없어요.

선거에 출마하기 위해서는 먼저 정당의 후보가 되어야 합니다. 과거에는 후보가 되려면 정당의 유력한 지도자들과 친분을 맺는 것이 중요했죠. 지금은 많은 정당이 당원이나 대의원 투표를 하거나 여론조사를 거쳐 후보를 결정합니다. 물론 출마하는 지역의 유력한 정치인의 지지가 중요하게 작용할 수도 있습니다. 그러나 이런 후보도 당선되기 위해서는 결국 지역 조직이 지지를 해야 하죠. 정당에 몸을 담지 않은 경우에는 유권자의 추천을 받아 무소속으로 출마할 수도 있습니다. 물론 선거를 거치지 않고 장관 등과 같은 고위직으로 임명되어 바로 정치에 입문하는 사람들도 있어요.

선거관리위원회의 역할
선거는 어디서 어떻게 관리할까?

"대한민국은 민주공화국이다. 대한민국의 주권은 국민에게 있고, 모든 권력은 국민으로부터 나온다." 대한민국헌법 제1조입니다. 그러면 대한민국의 모든 권력은 '어떻게' 주인인 우리에게서 나올까요?

우리는 대부분 이 질문에 대한 답을 알고 있습니다. 바로 민주주의의 꽃인 선거를 통해서죠. 그렇다면 선거는 어떻게 이루어지며, 어떤 기관에 의해 이루어질까요?

우리나라는 선거를 공정하게 관리하는 선거관리위원회를 두고 있어요. 1962년에 선거관리위원회의 설립이 결정되어, 이듬해에 관련 법률이 마련되었습니다. 아울러 각 지역의 선거관리위원회를 지휘하고 감독하는 중앙선거관리위원회도 그 무렵 만들어졌지요.

선거관리위원회는 나라의 모든 선거를 관리하면서 선거가 공정하고 깨끗하게 치러지도록 위법행위를 예방하고 단속합니다. 이 밖에 정당이나 정치 자금과 관련된 업무를 담당하고, 민주정치 교육도 하지요. 또 선거제도와 투표 시스템에 대해 꾸준히 연구합니다.

요즘은 거의 사라졌지만, 옛날에는 선거 때마다 온갖 부끄러운 일이 벌어졌어요. 후보자가 자신에게 투표를 해달라며 밥을 사고, 관광을 보내 주고, 돈까지 주었습니다. 밤낮없이 시끄럽게 선거 유세를 하고, 상대 후보를 마구 헐뜯었죠. 사람들은 좋은 공약이나 뛰어난 능력이 아니라 고향이나 출신 학교를 보고 후보를 지지하기도 했어요. 불법 선거를 감시하고, 올바른 민주주의 의식을 가르치는 곳이 마땅히 없었기 때문입니다. 이제는 선거관리위원회가 제 역할을 다하고, 민주주의 의식이 높아지면서 공정한 선거가 자리 잡아 가고 있습니다.

그런데 인터넷의 댓글을 보거나 친구들과 이야기를 나눠 보면, 선거관리위원회를 대통령 소속의 행정기관으로 알고 있는 사람이 제법 많습니다. 하지만 선거관리위원회는 교육부나 국방부와 같은 행정기관이 아닌 설립 근거가 헌법 제114조 1항에 명시되어 있는 헌법기관입니다. 국회나 법원, 헌법재판소처럼 행정부와는 독립된 기관이지요. 그런데 왜 선거관리위원회를 독립된 헌법기관으로 만들었을까요?

여기에는 슬픈 사연이 있습니다. 우리나라는 3·15 부정선거라는 민주주의의 훼손을 경험했기에, 이에 대한 반성으로 제2공화국 헌법부터 중앙선거관리위원회를 헌법기관으로 격상시킨 것이지요. 즉, 앞으로 다시는 부정선거가 발생하지 못하도록 헌법이 만든 보호막이 바로 선거관리위원회입니다. 우리나라의 선거는 헌법과 법률에 따라 공정하고 엄격하게 이루어집니다. 그리고 그 과정을 감독함으로써 민주주의를 수호하는 기관이 바로 선거관리위원회예요. 헌법재판소나 대법원, 국회처럼 국민의 주목을 받지는 못하지만, 선거관리위원회는 마치 다크나이트처럼 대한민국의 민주주의를 묵묵히 수호하고 있어요.

여기서 꼭 알아야 하는 선거법에 대해 짚어 봅시다. 만 18세 미만의 미성년자와 외국인처럼 선거권이 없는 사람과 공무원은 선거운동을 할 수 없습니다. 또, 어른이라도 선거관리위원회에 신고한 선거 사무 관계자가 아니라면 선거운동을 하고 돈을 받으면 안 됩니다. 그리고 후보자에게 돈, 선물, 음식 대접을 받으면 안 됩니다. 만약 받았다면 그 금액의 10배에서 50배에 이르는 벌금을 내야 합니다.

선거 과정과 투표 방법
선거일에 투표소에 갈 수 없다면?

선거를 하려면 구청장·시장·군수는 지역에 살고 있는 사람들을 조사해 선거인명부를 작성해야 합니다. 선거일을 기준으로 만 18세 이상이 되는 선거권자의 수를 파악하고 명단을 만드는 거예요. 선거인명부는 선거를 실시하는 때마다 구·시·군의 장이 작성하고, 선거권자의 성명, 주소, 성별, 생년월일 등이 적혀 있습니다. 선거인명부에 올라 있는 선거인만 투표할 수 있으므로 유권자는 선거인명부가 확정되기 전에 선거인명부를 열람해 자신의 이름이 선거인명부에 올라 있는지 확인해야 합니다.

다음으로 선거에 입후보하려는 사람들은 선거관리위원회에 등록을 해야 해요. 후보자 등록은 반드시 정해진 기간 안에 이루어져야 합니다. 후보자 등록을 마친 사람은 입후보할 수 있는 자격이 있는지 검증을 받아요. 그 과정을 무리 없이 통과하면 후보가 될 수 있습니다. 이렇게 해서 선거에 출마한 후보를 '피선거권자'라고 해요.

후보가 되면 법에서 정한 기간 동안 선거운동을 하는데, 이 시기에 후보들은 각종 공약을 내세웁니다. 사람들은 후보의 신상 정보와 경력, 공약을 살펴보며 어떤 후보가 자신들을 위해 일을 가장 잘할 수 있을지 판단해요. 그리고 선거하는 날 그 사람에게 투표를 하지요.

투표 시간이 끝나면 개표장으로 투표함을 옮겨 개표를 시작해요. 개표 결과 가장 많은 표를 얻은 후보자가 당선이 됩니다. 당선자는 당선증을 발급받고, 임기 동안 국민을 위해 맡은 일을 하지요.

그럼 몸이 불편하거나 선거일에 사정이 있어 투표소에 갈 수 없는 사람은 어떻게 할까요? 당연히 방법이 있습니다.

우선 **거소투표**가 있어요. 장애 등으로 사전투표소나 선거일 투표소를 방문하기 어려운 유권자는 거소투표 신고 기간 중에 신고한 후 자신이 머무는 곳에서 우편으로 투표할 수 있습니다. 하지만 거소투표는 투표소를 방문하지 않고 자택 등에서 투표를 하는 만큼 그 공정성을 확보하는 데 어려움이 있어서 그 대상자를 엄격히 제한합니다. 또한 대한민국 선박 및 외국 국적 선박 중 대한민국 국민이 선장을 맡고 있는 선박에 승선 예정이거나 승선

하고 있는 선원들도 대통령 선거와 임기 만료에 따른 국회의원 선거에서 선상투표 신고 후 팩스를 이용하여 배에서 투표할 수 있습니다. 이 경우 투표한 부분이 보이지 않게 특별한 팩스(쉴드 팩스)를 사용하여 비밀투표가 이루어질 수 있도록 합니다. 그리고 유학생 등 외국에서 투표하려는 선거권자는 신고·신청을 하면 외국에서도 투표할 수 있어요. 이것을 재외선거라고 합니다. 대통령 선거와 임기 만료 국회의원 선거만 해당되며, 임기 만료 국회의원 선거에서 일부는 비례대표 국회의원 선거권만 있습니다. 재외투표소에서 투표한 선거인은 투표지를 회송용 봉투에 넣어 투표함에 투입하고, 투표지가 담긴 회송용 봉투는 외교 행낭과 우편을 통해 관할 구·시·군 선거관리위원회로 보냅니다.

해외에서 머물던 중에 갑작스런 귀국 일정이 생겼다면 어떻게 할까요? 귀국투표도 있습니다. 귀국투표를 할 사람은 귀국사실증명서류를 첨부하여 구·시·군 선거관리위원회에 신고하면 국내 투표소에서 투표할 수 있습니다.

정말 편리한 제도인 사전투표는 선거일에 사정이 있어 투표하기 어려운 경우 사전투표 기간 동안 전국에 설치된 사전투표소 어디에서나 투표할 수 있는 제도입니다. 사전투표 기간은 선거일 전 5일부터 2일 동안이고, 별도 신고 절차도 없습니다. 사전투표소에서는 통합선거인명부를 이용해 본인 확인을 하기 때문에 사전투표를 하려는 선거인은 주민등록증이나 여권 등 본인의 신분증을 가지고 가면 전국 어느 사전투표소에서나 투표할 수 있답니다.

그럼 대통령과 국회의원만 선거로 뽑을까요? 아닙니다. 그렇지만 우리나라에서 가장 중요한 선거는 국가 원수를 뽑는 대통령 선거와 나라의 법을 만들고 국회를 구성하는 국회의원 선거예요. 이 밖에 지방의 살림을 꾸리는 지방자치단체의 단체장과 지방자치 법규를 제정하고 지방자치단체를 감시하는 지방의회 의원, 교육 정책을 책임지는 교육감을 선거로 뽑습니다.

이들을 선거로 뽑는 이유는 나랏일에 국민의 뜻을 반영시키기 위해서예요. 선거에 출마한 후보 중에서 자신과 가장 비슷한 생각을 가진 후보자를 뽑아서 나랏일을 그렇게 운영하도록 하는 것이지요. 따라서 투표를 할 때는 후보자가 내놓은 공약과 후보자의 도덕성, 능력 등을 잘 살펴보아야 합니다.

투표부터 개표까지
투표가 끝나면 무엇이 시작될까?

선거에서 투표란 선거인이 지지하는 정당이나 후보자를 선택하는 의사표시를 말하는데, 투표 절차는 선거인의 투표 행위의 자유가 보장되고 투표의 비밀이 지켜지는 가운데 공정하게 진행되어야 합니다.

투표 시작 전에는 투표함 뚜껑을 열어 속에 아무것도 없는지 확인하는 과정을 거칩니다. 이상이 없으면 투표함 뚜껑을 닫고 1회용 자물쇠로 잠급니다. 봉쇄한 자물쇠 위에는 또다시 특수 봉인지를 붙이고 투표관리관과 참관인 서명을 통해 아무도 열어 볼 수 없도록 안전하게 조치한 후 투표를 시작합니다. 참관인은 정당 또는 후보자가 보낸 사람으로, 투표함 이상 유무 확인부터 투표 진행과 마감 그리고 투표함을 개표소로 옮길 때까지 투표의 모든 과정을 감시합니다.

투표는 이렇게 진행됩니다. 우선 투표관리관이 투표 개시 선언을 합니다. 이후 선거인은 신분증을 제시하고 본인 여부를 확인한 후 선거인명부에 서명합니다. 그리고 투표용지를 받아서 기표소에 비치된 용구로 자신이 선택한 후보자(비례대표는 하나의 정당)에게 기표하고 기표 내용이 보이지 않게 접어 투표지를 투표참관인의 앞에서 투표함에 넣고 나갑니다.

주의할 점은 본인임을 확인할 수 있는 주민등록증, 운전면허증, 기타 관공서 또는 공공기관이 발행한 사진이 부착된 신분증명서가 있어야 투표할 수 있다는 점이에요. 그리고 투표할 때는 반드시 기표소에 마련된 용구를 이용해야 하며, 도장을 찍거나 다른 표시를 하면 무효가 됩니다.

본인의 투표 인증샷을 기표소에 찍어서 SNS에 올리고 싶은 사람도 있겠죠? 하지만 투표의 비밀 보장과 공정한 선거를 위해 기표소 안에서의 사진 촬영은 법으로 엄격하게 금지하고 있습니다.

투표가 끝나면 투표함은 뚜껑 윗부분에 특수 봉인지를 붙인 상태로 경찰, 참관인과 함께 개표장으로 이동합니다. 거소투표, 선상투표, 재외투표, 사전투표 등 투표 방법에 따라 투표지와 투표함 이동 과정이 다릅니다. 구·시·군 선거관리위원회 투표함 보관 장소는 CCTV를 설치해서 투표함을 안전하게 보관합

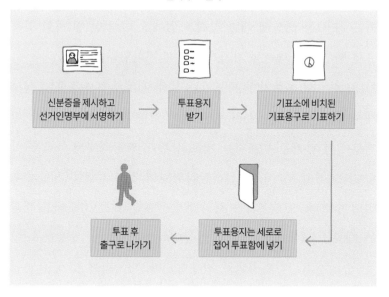

선거 투표 절차

신분증을 제시하고 선거인명부에 서명하기	투표용지 받기	기표소에 비치된 기표용구로 기표하기

투표 후 출구로 나가기	투표용지는 세로로 접어 투표함에 넣기	

니다.

이번에는 개표 과정입니다. 투표소에서 도착한 투표함을 접수하고 투표함의 봉쇄·봉인 상태 등 이상 유무를 확인한 후, 투표함 뚜껑을 열고 투표지를 꺼내 정리합니다. 투표지가 엄청 많을 텐데 어떻게 처리할까요? 투표지 분류기가 있습니다. 투표지 분류기는 사람이 손으로 개표하는 것을 도와주는 보조 장비입니다. 정확하고 빠른 개표를 위해 2002년부터 사용하고 있어요. 개함부에서 정리된 투표지는 투표지 분류기를 이용해 후보자별로 1차 분류합니다. 유·무선 네트워크 차단, 무결성 검증, 보안 카드 사용 등 해킹에 대한 염려를 없애고 다시 한 번 사람이 눈으로 확인하는 과정을 거치기 때문에 정확합니다.

　1차 분류한 후보자별 투표지는 심사·집계부에서 투표지 심사 계수기를 이용해 다시 한 번 사람이 전량 확인합니다. 심사·집계부에서 넘어온 투표지는 개표 상황표 확인석에서 득표수 확인 등을 거쳐 구·시·군 선거관리위원회 위원 검열을 거칩니다. 검열이 끝난 개표 결과는 위원장이 공표합니다. 이때 개표 결과는 개표소 내에 게시되고 국민들이 볼 수 있도록 전용망을 이용, 중앙선거관리위원회로 전송합니다. 마지막으로 개표가 끝난 투표지를 보관 상자에 넣어 봉함하고 봉인해 안전하게 보관합니다.

선거 개표 절차

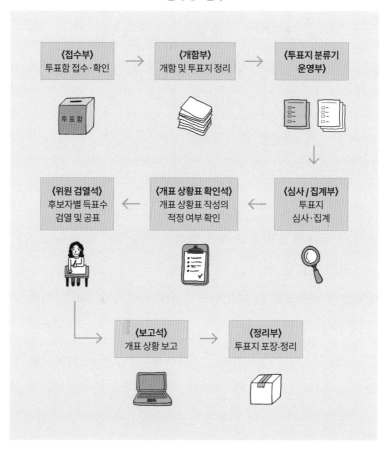

출구 조사와 통계
벌써 당선자를 예측한다고?

투표가 끝나자마자 뉴스에서 당선될 가능성이 높은 후보자가 누구인지 발표할 수 있는 건 출구 조사 덕분이에요. 출구 조사란, 투표소에서 투표를 마치고 나오는 사람들에게 설문지를 돌려 누구를 선택했는지 묻는 일입니다. 본래 누구든지 선거일 투표 마감 시각까지 선거인이 투표한 후보자의 성명이나 정당명을 질문할 수 없어요. 다만 TV, 라디오 방송국과 일간신문사는 투표소로부터 50미터 밖에서 투표의 비밀이 침해되지 않는 방법으로 질문할 수 있어요. 하지만 투표 마감 시각까지 그 결과를 공개할 수 없어요. 그러므로 출구 조사 발표는 개표 시작 이후에 가능합니다. 우리나라에서는 지난 2000년 4월 13일에 치러진 국회의원 선거부터 출구 조사가 허용되었습니다.

물론 출구 조사 결과가 실제 선거 결과와 항상 일치하지는 않아요. 투표한 모든 사람에게 일일이 물어볼 수 없고, 가끔씩은 거짓으로 답하는 사람도 있기 때문이에요. 그래서 선거 전의 여론조사와 출구 조사에서는 당선율이 높았던 후보가, 실제 선거 후에는 낙선하는 경우도 있습니다. 이것이 바로 브래들리 효과 Bradley effect인데요. 1982년 미국의 캘리포니아 주지사 선거에서 민주당 후보 톰 브래들리가 공화당 후보 조지 듀크미지언과의 경합 중, 투표일 전까지의 여론조사에서는 브래들리 후보가 크게 앞섰지만 실제 투표에서는 진 것에서 유래되었습니다.

이러한 현상은 1989년 더글러스 와일더 전 버지니아 주지사와 데이비드 딩킨스 전 뉴욕 시장 선거에도 나타나 와일더 효과 Wilder effect, 딩킨스 효과 Dinkins effect라고도 이름 붙여졌습니다. 이러한 원인에는 백인 유권자 다수가 인종 편견에 대한 생각을 숨기기 위해 여론조사에서는 흑인 후보를 지지한다고 거짓으로 답한 점, 인종주의적인 편견을 금기로 하는 사회적인 분위기로 인해 백인 유권자의 진술이 본심과는 다르게 나왔다는 점을 들 수 있습니다.

2016년 미국 대선에서도 선거 직전까지 미국의 언론기관과 예측기관은 힐러리 클린턴의 승리를 예상했습니다. 하지만 개표가 시작되자 분위기가 급변해서 도널드 트럼프가 당선되었지요. 여기서도 브래들리 효과가 나타났다고 할 수 있습니다.

경쟁이 심하지 않은 선거구에서는 출구 조사 결과가 대체로 잘 맞지만 경쟁이 치열한 선거구에서는 정확도가 떨어지는 편이에요. 또한 출구 조사에는 통계가 적용되어 어렵게 느껴지기도 합니다. 개표 방송에서 다음 내용이 나왔다고 해봅시다.

"출구 조사 결과, ○ 후보가 지지율 45퍼센트로 당선이 유력시되고 있습니다. 이번 출구 조사는 선거 당일 오전 6시부터 오후 5시까지 전국 투표소에서 유권자 8만 명을 대상으로 했으며, 응답률 69퍼센트, 신뢰 수준 95퍼센트, 오차 범위 ±0.9퍼센트입니다."

방송 내용을 이해하기 위해 예를 하나 들어 보겠습니다. 집에서 맛있는 카레를 끓이다가 감자 조각 하나를 숟가락으로 떠서 잘 익었는지 확인해 본 적 있나요? 이때 숟가락으로 떠올린 감자 한 조각이 카레 속 재료들이 잘 익었는지를 판단하는 표본이 됩니다. 이처럼 통계학에서는 연구자의 관심의 대상이 되는 전체 집합을 '모집단', 감자 한 조각과 같이 모집단에서 골라 선택한 일부분을 '표본'이라고 합니다. 선거에서는 투표에 참여한 사람 전체가 모집단, 출구 조사에 참여한 사람이 표본 집단이 되겠지요.

통계조사 방법에는 전수조사全數調査와 표본조사標本調査가 있는데, 전수조사는 대상 모집단 전체를 조사해 특성을 파악하는 방법입니다. 통계청이 5년마다 실시하는 '인구주택 총조사'가 전수조사에 해당합니다. 그런데 일반적으로 모집단은 매우 크기 때문에 이를 전부 조사하려면 엄청난 비용과 시간이 듭니다. 이와 달리 표본조사는 모집단 중 일부를 표본 집단으로 선택해 조사하는 방법입니다. 그 결과에서 모집단의 특성을 추정하지요.

표본의 수가 적거나 한쪽으로 치우치면 모집단의 특성을 정확하게 추정하기 어렵습니다. 표본의 정확도를 높이기 위해서는 모집단에서 무작위로 표본을 뽑는 방법, 일정한 간격을 두고 규칙적으로 표본을 뽑는 방법, 모집단을 몇 개의 작은 집단으로 나누어 각각에서 골고루 뽑는 방법 등을 쓸 수 있습니다. 그런데 아무리 좋은 표본을 골라도, 표본조사 결과와 모집단 전체의 실제 특성과는 차이가 날 수밖에 없습니다. 이러한 차이를 '오차誤差'라고 합니다. 오차가 발생하는 값의 범위를 오차 범위라고 하는데, 오차 범위가 작을수록 조사가 정확하다는 뜻입니다.

그러면 방송에서 나온 '응답률 69퍼센트' '신뢰 수준 95퍼센트' '오차 범위 ±0.9퍼센트'라는 말은 무슨 뜻일까요? 먼저 '오차 범위 ±0.9퍼센트'라는 말은 ○ 후보의 지지율이 '44.1(=45-0.9)퍼센트'에서 '45.9(=45+0.9)퍼센트' 사이라는 뜻입니다. 또 '신뢰 수준'이란 동일한 조사를 반복하여 진행할 경우에 오차 범위 내의 결과치가 나올 가능성을 말하는 것으로, 통계치의 정확성을 표현하는 용어입니다. 신뢰 수준이 95퍼센트라는 말은 100번 조사하면 오차 범위 내의 결과가 95번은 나올 수 있다는 뜻이지요. 마지막으로 '응답률 69퍼센트'라는 말은 출구 조사 요청을 받은 투표자들 중에서 조사에 응한 사람의 비율이 69퍼센트임을 의미합니다.

선거의 법칙이 뭐길래

세계적인 도시 뉴욕을 생각하면 어떤 이미지가 떠오르나요? 아마도 대부분의 사람은 화려한 타임스퀘어의 극장과 상점가, 센트럴파크의 평화로운 풍경, 엠파이어스테이트 빌딩과 같은 고층 건물들을 가장 먼저 생각하겠지요. 하지만 전 세계인이 손꼽는 여행 버킷리스트 중의 한 곳인 뉴욕도 한때는 아주 엉망이었습니다. 1980년대 중반에 뉴욕은 빈민촌처럼 변질됐는데 이는 지저분한 낙서들과 쓰레기를 정부와 경찰들이 내버려 두었기 때문이었습니다.

길을 가다가 깨진 유리창을 봤는데 그다음 날에도, 며칠이 지난 후에도 그대로 방치되어 있다면 어떤 생각이 들까요? 바로 깨진 유리창이 있는 건물의 주인이 그 건물에 관심이나 애착이 없다고 생각하고, 나 하나쯤 돌을 던져 창문을 더 깨뜨려도 된다고 생각하지 않을까요? 실제로 뒷골목에 창문이 깨진 차 한 대와 멀쩡한 차 한 대를 나란히 두고 실험했더니, 창문이 깨진 차는 다른 창문뿐만 아니라 차 전체가 망가져 버리고 말았습니다.

이것을 바로 깨진 유리창 법칙이라고 합니다. 선거 과정에서도 이런 현상이 나타나고 있습니다. 특히 선거운동에서 많이 볼 수 있습니다. 한 후보자가 불법 현수막 같은 것들을 게시했을 경우에 빠르게 대처하지 않는다면 다른 후보자들도 이와 같은 것들을 모방해서 불법 선거운동이 자연스럽게 만연하게 될 것입니다.

그렇다면 앞에서 언급했던 뉴욕은 어떻게 지금과 같은 살기 좋은 도시가 되었을까요? 1995년에 취임한 루돌프 줄리아니 뉴욕 시장이 강력한 의지를 가지고 뉴욕 정화 작업에 돌입했기 때문입니다. 먼저 뉴욕 주요 거점에 CCTV를 설치해 낙서한 사람들을 끝까지 추적했고, 거리를 깨끗하게 청소하고 범죄를 집중 단속했습니다. 그러자 사람들은 건물에 낙서를 하거나 거리에 오물을 버리지 않고, 깨끗한 거리를 유지하기 위해 노력을 하기 시작했습니다.

뉴욕의 사례에서 볼 수 있듯이 불법 선거운동도 초기에 단속하고, 발생하기 전에 예방할 수 있도록 꾸준히 노력한다면 점차 사라지게 될 것입니다. 하지만 불법 선거운동을 막기 위한 노력은 정부에서만 한다고 되는 것이 아닙니다. 우리 모두가 감독이 되어야 비로소 깨끗한 선거 환경을 만들 수 있어요.

선거 과정에서 나타나는 '법칙'은 깨진 유리창의 법칙 외에도 다양합니다. 밴드왜건도 그중 하나입니다. 이는 유행에 따라 물건을 소비하는 것을 의미하는 경제학 용어로, 곡예단이나 퍼레이드의 맨 앞에서 행렬을 선도하는 악대차樂隊車가 사람들의 관심을 끄는 효과를 내는 데에서 유래했습니다.

몇 해 전 달콤한 감자칩이 선풍적으로 인기를 끌어 품귀현상을 빚은 적이 있었는데요. 이 감자칩이 인기를 끌었던 또 다른 이유는 입소문이 나니까 맛을 보지도 않고 박스째로 사려는 소비자들이 많았기 때문입니다. 또한 다른 사람들이 맛있다고 하니까 그렇게 느껴져서 계속 수요자가 늘었던 것도 하나의 이유가 될 수 있겠습니다.

유권자들의 선택에서도 이와 같은 밴드왜건 효과bandwagon effect가 나타나는 경우가 많습니다. 선호하는 후보자가 명확하지 않은 상태에서는 여론조사에서 우위를 차지하는 후보자를 선택하는 유권자의 수가 굉장히 많다고 합니다. 다수가 지지하는 후보자를 선택하는 것이 믿을 만하다고 생각할 수도 있고, 많은 사람들이 선택한 후보자가 왠지 더 좋아 보이는 심리도 있을 것입니다. 또한 나의 표가 사표死票가 되는 것을 원하지 않아서 당선될 만한 후보자를 선택하는 경우도 있을 거고요.

반면에 선거 과정에서는 밴드왜건과 반대되는 의미의 언더독 효과 Underdog effect도 나타납니다. 언더독 효과는 보통 스포츠 경기 등에서 약자를 응원하는 현상을 의미하는데, 약자라고 믿는 주체에게 심리적으로 애착을 갖고 그를 지지하는 것입니다. 선거에서는 열세에 있는 후보자에게 표를 주려는 경향으로 나타납니다.

실제로 1948년 미국의 대통령 선거에서 이러한 현상이 나타났습니다. 해리 트루먼 후보는 매번 여론조사에서 상대 후보자에게 밀렸었는데, 막상 개표해 보니 트루먼이 상대 후보자보다 4.4퍼센트의 표를 더 얻어 당선되었습니다. 이러한 결과는 자신이 지지하는 후보자가 열세인 모습을 본 유권자들이 더 적극적으로 투표를 했기 때문에 나타난 것으로 보고 있습니다. 또한 약자를 보면 사람들은 일반적으로 관대해지기 때문에 그 효과도 톡톡히 누렸다고 볼 수 있죠.

지금까지 선거 과정에서 나타날 수 있는 다양한 법칙들을 살펴보았습니다. 여러분들이 적극적으로 관심을 가지고 후보자 공약 하나하나를 따져 보고 투명한 선거를 만들기 위해 노력한다면 선거와 관련하여 또 하나의 '아름다운 법칙'이 만들어지겠지요?

더 짚어 볼 개념

캐스팅보트 casting vote

캐스팅이라고 하면 영화나 연극에서 말하는 '배역 선정'이 떠오르죠? 그런데 여기서 캐스팅은 '던지다'라는 뜻입니다. 보트는 호수에서 타는 배가 아니라 '투표'를 말하는 거고요. 그러니까 '캐스팅보트'는 '표를 던지다'라는 뜻을 담고 있습니다.

이 말이 쓰이는 곳은 의회입니다. 어떤 문제에 대한 결정을 해야 하는데 찬성과 반대의 수가 똑같을 때, 의장이 결정권을 가지게 되는 것을 '캐스팅보트'라고 합니다. 우리나라에서는 국회의장의 캐스팅보트가 인정되지 않고 있지만요. 마찬가지로 의회에서 두 정당의 세력이 비슷할 때는 제3당이 어느 선택을 하느냐에 따라 결과가 달라지겠죠? 이때 제3당이 '캐스팅보트를 쥐고 있다'라고 합니다. 팽팽한 선거에서 승패를 결정짓는 집단 표심을 의미하는 말로 쓰이기도 합니다.

캐스팅보트는 애니메이션 〈레고 닌자고〉에서도 엿볼 수 있어요. 어느 날 로이드, 카이, 코코, 마스터, 가마돈이 여행을 가려고 했는데 의견이 둘로 갈렸습니다. 로이드와 카이는 제주도로 가자고 하고, 코코와 마스터는 캐나다로 가자고 했습니다. 의견이 2대 2로 나뉘었죠. 이럴 때 가마돈이 어느 쪽을 선택하느냐에 따라서 여행을 가는 장소가 바뀌게 됩니다. 가마돈이 제주도로 가겠다고 하면 여행은 제주도로 가게 될 것이고, 캐나다로 가겠다고 하면 결국 3대 2로 캐나다로 가게 되겠죠. 이럴 때 가마돈이 '캐스팅보트를 쥐고 있다'라고 하는 겁니다.

예비후보자

원칙적으로 선거운동은 정해진 선거운동 기간에만 가능합니다. 하지만 관할 선거관리위원회에 예비후보자 등록을 한 사람은 선거운동 기간 전에도 일정 범위에서 선거운동을 할 수 있습니다. 그 이유는 무엇일까요?

사실 기존의 정치인이나 현역 의원은 직무 활동을 하면서 자신을 알릴 수 있는 기회가 충분히 있습니다. 그런데 정치 신인은 그렇지 않죠. 그래서 '현역 의원과 정치 신인 간에 불균형이 발생한다'라는 말이 있었습니다. 그러니 형평성 차원에서도 신인들에게 자신을 알릴 수 있는 기회를 주기 위해서 예비후보자 제도가 있는 것이죠.

예비후보자 등록을 할 수 있는 기간은 선거별로 정해져 있는데요. 대통령 선거는 선거일 240일 전부터, 지역구 국회의원 선거나 시·도지사 선거는 선거일 120일 전부터 예비후보자 등록을 할 수 있습니다. 지역구 시·도의회의원 선거, 자치구시의 지역구의회의원 및 장의 선거는 선거일 90일 전부터, 군의 지역구의회의원 및 장의 선거는 선거일 60일 전부터 가능합니다.

이렇게 예비후보자로 등록하면 선거사무소를 설치할 수 있습니다. 또한 명함을 주거나 지지 호소를 한다든지, 예비후보자 홍보물을 보내든지, 어깨띠나 표지물을 착용하거나 전화를 이용해 선거운동을 할 수 있습니다.

표의 등가성 원리

인구 대표성에 근거해 선거구를 획정할 때는 표의 등가성 원리를 적용합니다. 표의 등가성이란, 한 표의 가치가 대표자를 정하는 데 기여하는 정도가 같아야 한다는 원리입니다. 이러한 원리를 적용시키는 이유는, 선거구당 유권자 수가 다르면 대표를 선출하는 데에 영향을 미치는 표의 가치가 달라지기 때문입니다.

예를 들어, 선거인 수가 15만 명의 선거구에서 선거를 한 갑의 표는 선거인 수가 60만 명의 선거구에서 선거를 한 을의 표보다 4배나 높은 가치를 가지고 있습니다. 선거구가 클수록 한 표의 가치는 떨어지고, 선거구가 작을수록 그 가치는 올라가기 때문이죠.

이와 관련하여 2001년 헌법재판소에서는 "최대 선거구와 최소 선거구 간의 인구 편가가 3.88대 1에 달하는 등 국민 한 사람의 투표 가치가 선거구에 따라 크게 달라 헌법의 평등선거 정신에 크게 어긋난다"라는 판결을 내리기도 했습니다.

하지만 선거구를 획정하는 일은, 표의 가치뿐만 아니라 지리적인 여건이나 행정구역도 고려해서 결정해야 하기 때문에 현실적으로 모든 선거구를 똑같은 크기로 나눌 수는 없어요. 그래서 선거구 간에 지나치게 차이가 나지 않도록 합리적인 범위 내에서 인구 편차를 허용하고 있습니다. 우리나라의 경우, 최대 선거구과 최소 선거구의 인구 편차가 3대 1을 넘지 않도록 법으로 정하고 있습니다.

여당과 야당

여당의 '여與'는 '따르다, 돕다, 편들다, 같이, 함께'라는 뜻입니다. 그러니까 정부와 함께한다는 뜻이지요. 그래서 대통령제에서는 국회의원 선거 결과와 상관없이 대통령을 배출한 정당을 여당이라고 합니다. 야당의 '야野'는 '들판'이란 뜻인데, 공직의 바깥, 그러니까 정부의 외부에 있다는 뜻입니다. 즉 현재 정권을 잡고 있지 않은 정당을 야당이라고 합니다. 즉 여당을 제외한 나머지 정당들을 야당이라고 부르는 것입니다.

그럼 야당은 어떤 역할을 하는 것일까요? 정부나 여당이 자신들의 권력을 이용해서 정국을 마음대로 운영한다면 절대 안 되겠지요? 그래서 야당은 정부의 여러 가지 시책을 견제하거나 비판하는 역할을 합니다. 이런 감시나 견제 기능이 없다면, 정부가 잘못된 방향으로 나갈 때 걷잡을 수 없게 되겠지요. 아래 표를 참고해서 조금 더 알아봅시다.

대통령제에서는 대통령을 배출한 정당을 여당이라고 한다면 의원내각제에서는 의석이 많은 다수당을 여당, 의석이 적은 소수당을 야당이라고 합니다.

대한민국 헌법 제8조 1항에는 "정당의 설립은 자유이며, 복수정당제는 보장된다"라고 나와 있습니다. 정당체계는 정당의 수나 규모에 따라서 구분되는데, 우리나라는 2개 이상의 정당들이 존재하고 의회에 여러 정당이 진출해 있는 '복수정당제'를 선택하고 있습니다. 이러한 복수정당제는 유권자들이 선택할 수 있는 범위를 더욱 넓혀 주지요.

대통령의 임기

그동안 대통령의 임기는 2월 25일부터 그 5년 후인 2월 24일 까지였습니다. 1987년 개정된 헌법의 부칙 제1조에서 "이 헌법 은 1988년 2월 25일부터 시행한다"라고 되어 있고, 제2조 2항 에는 "이 헌법에 의한 최초의 대통령의 임기는 이 헌법 시행일(즉 2월 25일)로부터 개시한다"라고 되어 있습니다.

그런데 제19대 대통령 선거는 좀 달랐죠? 즉 궐위에 의한 선 거이기 때문입니다. 공직선거법 제14조 1항을 보면 "궐위로 인 한 선거에 의한 대통령의 임기는 당선이 결정된 때부터 개시된 다"라고 되어 있습니다. 그리고 같은 법 제187조 1항에는 "대통 령 선거에 있어서는 중앙선거관리위원회가 유효 투표의 다수를 얻은 자를 당선인으로 결정하고"라고 나와 있습니다. 따라서 개 표가 마무리된 후 중앙선거위원회가 당선인을 결정하는 때부터 대통령 임기가 개시되는 것이죠.

개표가 완료되면 구·시·군 선거관리위원회에서는 개표록을 작성해서 시·도 선거관리위원회로 보냅니다. 그리고 시·도 선 거관리위원회는 개표록을 근거로 집계록을 작성해서 중앙선거 관리위원회로 보냅니다. 그러면 중앙선거관리위원회는 위원회 의를 개최하고 집계록을 근거로 선거록을 작성하고 당선인을 결정합니다. 그래서 제19대 문재인 대통령의 임기는 중앙선거

관리위원회가 당선인을 결정한 2017년 5월 10일부터 2022년
5월 9일까지였습니다.

다른 포스트

뉴스레터 구독

선거로 세상이 바뀔 리가 있어

초판 1쇄 2018년 3월 23일
개정판 1쇄 2024년 1월 15일

지은이 승지홍

펴낸이 김한청
기획편집 원경은 차언조 양희우 유자영
마케팅 현승원
디자인 이성아 박다애
운영 설채린

펴낸곳 도서출판 다른
출판등록 2004년 9월 2일 제2013-000194호
주소 서울시 마포구 동교로 27길 3-10 희경빌딩 4층
전화 02-3143-6478 **팩스** 02-3143-6479 **이메일** khc15968@hanmail.net
블로그 blog.naver.com/darun_pub **인스타그램** @darunpublishers

ISBN 979-11-5633-595-5 43300

다른 생각이
다른 세상을 만듭니다